平凡社新書
1046

夜行列車盛衰史

ブルートレインから歴史を彩った名列車まで

松本典久
MATSUMOTO NORIHISA

HEIBONSHA

夜行列車盛衰史●目次

まえがき

かつて国鉄／ＪＲでは「ブルートレイン」という列車が数多く運行されていた。

ブルートレインとは、おもに寝台車で編成された夜行の特急で、時刻表などでは「寝台特急」とも表示されていた。最盛期の１９７０年代後半には三十数往復が設定され、首都圏や関西圏と本州・九州各地を結んでいたのである。

実はこの時代、国鉄ではブルートレインだけではなく、寝台電車による寝台特急、あるいは電車・気動車・客車による急行や普通列車といった夜行列車も運行されていた。ブルートレインはあくまでも国鉄夜行列車の象徴的存在であり、それを補う列車が数多く走っていたのである。これは本州・九州だけでなく、北海道や四国内でも設定されていた。

さらに本州と北海道あるいは四国を結ぶ青函トンネルや瀬戸大橋は建設中で、この間は青函連絡船や宇高連絡船で結ばれていた。ここでも夜行便が設定されており、当時の国鉄では全国で夜行移動のサービスを行っていたのである。

また、国鉄からＪＲへ移行してから1年後の１９８８（昭和63）年には青函トンネルと瀬戸大橋が相次いで開業した。これにより本州から北海道や四国へも直通運転できるようになった。ここでは昼行列車だけでなく、夜行列車も設定され、夜行移動の範囲が格段に広がったのである。

青函トンネル開通に合わせて新設された寝台特急「北斗星」は筆者にとっても思い出深い夜行列車のひとつだ。

運転初日となる1988年3月13日、上野発札幌行きの一番列車（北斗星1号）に乗車した。車内は本邦初の首都圏〜札幌直通「ブルートレイン」として、新たな旅に期待する人々の熱気にあふれていた。

初日の上野発時刻は16時50分。まだ日差しのある明るい時間帯で、上野駅はもちろんのこと通過する駅や沿線では大勢の人々が「北斗星1号」に手を振っていた。気恥ずかしくもあったが、こちらも笑顔で手を振り返した。

17時30分、「グランシャリオ」と命名された食堂車では予約制のディナーが始まった。人気メニューはフランス料理のフルコースで、価格は7000円と列車食堂としては破格の設定となっていた。食事は入替制で、当初は1回あたりの持ち時間がわずか50分、スープを飲み終わらないうちにメインが出てくるような有様だった。それでも乗客たちは鷹揚にディナーを楽しんでいたのである。

こうして3回のディナーを終えた後、予約不要のパブタイムとなったが、これも大盛況。ホールスタッフの走り回る姿が今も目に焼き付いている。

「北斗星1号」は北上を続け、深夜の2時過ぎに青森に到着。ただし乗客の乗降扱いはせず、青函トンネル用の専用機関車に交代して出発する。

乗客たちの多くは青函トンネル通過を体感すべく、暗闇しか見えぬ窓にくぎ付けだった。そして2時50分ごろ、青函トンネルへと突入した。53・85キロというトンネル内は継ぎ目のないロングレール。タタンタタンというジョイント音が消え、カーッという硬質の走行音に変わる。流れゆくトンネル壁面の非常灯とこの音だけが青函トンネルを知る情報だった。

いつしか寝落ちし、気が付くと薄明の中に白い情景が流れていた。それが雪景色とわかり、北海道の大地を走っていることを理解した。本州と北海道の線路が繋がり、夜行列車で一夜明ければ北海道を走っている。それを実感した瞬間だった。その後も「北斗星」には幾度となく世話になったが、この時の薄明の情景に勝るものはない。

その後、JRでは「北斗星」を手本にするように「ブルートレイン」の改革を進め、またリーズナブルで利用しやすい夜行列車の新設などさまざまなサービスを展開していった。バブル景気の追い風もあり、JRの夜行列車が輝いていた時代だった。

ところで「夜行列車」とは何なのだろうか。

イメージとしては理解できると思うが、特に決まった定義などはない。言葉からすれば「夜間に運行される列車」だが、日没後は夜間となり、そうした時間帯に運行される列車は数多ある。深夜ということで午前0時を跨いで運行する列車としても、都市部、特に首都圏や関西圏ではかなり遅くまで運行が続き、午前1時近くまで運行している。ちなみに新型コロナ禍で減ったが、かつては午前1時過ぎまで運行される列車もあちこちにあった。もっともこれも夜行列車とは呼びにくい。

夜行列車は「夜を徹して運行される列車」のイメージだ。通常は就寝となる時間帯を活用して移動する、その利便性から編み出された運行方法と考えられる。せめて明け方まで運行が続いてこそ、夜行列車と言えそうだ。

日本の鉄道は150余年前の1872（明治5）年に新橋〜横浜間で創業した。この間の距離は約29キロ。徒歩で1日がかりとなる距離を汽車は1時間足らずで結んだのである。もちろん、この距離と所要時間では夜行列車は不要だ。

夜間帯の活用ということではおよそ12時間、少なくとも8時間以上かかる区間で夜行列車の価値が出てくる。つまり、鉄道の線路が一定の長さ以上になってこそ設定が検討されるもので、実際、初めての本格的夜行列車は新橋〜神戸間の東海道線が全通した1889（明治22）年7月1日から同区間で運行を開始したのである。

ただし、東海道線の全通前、部分的に開通していた区間を結んで夜行移動のサービスが行われている。おもに名古屋～京都・大阪・神戸間の移動を見込んだもので、鉄道が未開通だった区間は琵琶湖の航路、はたまた人力車まで使っての連絡となっていた。これは1886（明治19）年から行われ、その時刻は当時の『官報』にも告知されていた。

こんな時代にも夜行移動のサービスを設定し、またそれを利用する人もあったということに驚かされる。

明治晩年の1906（明治39）年には「鉄道国有法」が制定され、17もの大規模私設鉄道が国有化、北海道から九州まで国鉄として運営管理していくことになった。国鉄の路線長はここで一気に5000キロを超え、現在のJR在来線の幹線部分がほぼ完成している。これにより、長距離を結ぶ列車が数多く運行されるようになった。距離が長ければ所要時間もかかり、始発駅から終着駅まで昼夜兼行で24時間以上かかる列車も多数あった。その場合、日中の運行区間では「昼行列車」となり、単純に「夜行列車」とくくるのは疑問もあるが、夜行運行の活用が進んだ時代でもあったのだ。

こうして夜行列車は長距離移動には欠かせないサービスとして日本の鉄路を走り続けてきた。この使命は戦後になっても不動だった。瀬戸内海などで沿岸航路もあったが、道路や空路の整備は途上にあり、人々の移動はその多くを国鉄が担っていたのである。

国鉄では夜行列車のサービスアップをめざし、昭和30年代に10系客車、20系客車と次々と新型車両を開発導入していった。特に1958(昭和33)年にデビューした20系客車は「ブルートレイン」と呼ばれる革新的なサービスとなり、国鉄の看板夜行列車へと成長していく。さらに1967(昭和42)年には世界初の寝台電車も投入し、夜行列車の高速化と効率化も進めていった。

一方、1964(昭和39)年開業の東海道新幹線を皮切りとして新幹線網を中心とした鉄道の高速化が進んだ。これにより長距離の移動であっても日中だけでまかなえるようになっていく。この新幹線ネットワークの拡張期、空路や高速道路の整備も進んだ。人々の移動の選択肢が増え、国鉄/JRによる夜行列車のサービスも変化を余儀なくされていったのである。

冒頭で紹介した寝台特急「北斗星」にしても新幹線延伸という流れの中で引退していった。そして「ブルートレイン」と呼ばれる列車がすべてなくなり、現在、JR・私鉄を通して定期的に運転されている夜行列車は寝台特急「サンライズ瀬戸」と「サンライズ出雲」だけになってしまったのだ。

列車名から判断すると2列車各1往復で2往復運転されているように思えるが、実態はやや異なっている。東京と四国の高松を結ぶ「サンライズ瀬戸」、そして山陰の出雲市を結ぶ「サンライズ出雲」という2つの列車になっているが、そのうちの東京〜岡山間は2

つの列車を連結する「併結運転」となっている。つまり、東京〜岡山間ではわずか1往復の運転で、これが2023年現在の夜行列車の実態なのである。

1世紀以上の長期にわたり、人々の足として重要な使命を担ってきた「夜行列車」。生い立ちから現状までその盛衰の歴史を振り返ってみたい。

＊なお、引用文献の旧字は新字に改め、旧仮名遣いは新仮名遣いとした。

第1章　勃興期

——夜行列車はいつ生まれたか

鉄道を使った夜間移動の始まり

まえがきにも記したように、初めての夜行列車は新橋〜神戸間の東海道線が全通した1889（明治22）年7月1日、同区間を結ぶかたちで運行を開始した。

ただし、夜間移動で利便性をはかるもくろみは、それ以前に実行されている。

明治政府がめざした日本の鉄道計画は、東京と京都の東西両京を結ぶ幹線、そして東京〜横浜間などを結ぶ支線が基本方針となり、それによって建設が進んでいった。1872（明治5）年の新橋〜横浜間開業後、関西側でも徐々に運行を開始、1877（明治10）年までに京都〜神戸間の運行も始まっている。

その後、京都から琵琶湖畔の大津へ、さらに同じく琵琶湖畔の長浜から敦賀へ向から路線も次々と開業していったが、東京側の進行は遅れた。実は東西幹線のルートを東海道とするか中山道とするか、なかなか方針が定まらなかったのである。結局、中山道経由で建設が始められ、1886（明治19）年になって東海道へと変更されたのだ。

東海道ルートに変更前、中山道ルートの建設は随所で着手されたが、西側では長浜から名古屋に向けて進められることになった。さらに名古屋から三河湾に面した半田港まで延伸すれば資材輸送に便利と判断され、武豊《たけとよ》〜名古屋〜長浜間として建設が始まった。

名古屋〜長浜間では岐阜県と滋賀県の県境にある関ヶ原が難所となったが、濃尾平野を流れる木曽川・長良川・揖斐《いび》川と3本の大河の橋梁建設も難関だった。いずれも鋳鉄製の橋桁《はしげた》を数連架ける構造だが、当時の日本にこういった橋桁の製造技術はなく、すべてイギリスからの輸入品となった。ちなみに木曽川橋梁は全長571・2メートルに達し、この区間の橋梁としては最長。竣工も最後となっている。

この間の工事は長浜および武豊を起点として始められ、1883（明治16）年に長浜〜関ヶ原間が開通、翌年に関ヶ原〜大垣間、1886年までに武豊〜名古屋〜木曽川間も順次開業している。木曽川橋梁はまだ工事中だったが、これで武豊〜木曽川間、大垣〜長浜間での運行が可能になった。

そこで当時、鉄道運行を管理していた鉄道局では、鉄道が木曽川駅まで達した1886年6月1日から鉄道未開通の木曽川〜大垣間を人力車で連絡、さらに長浜〜大津間では琵琶湖上を運航する太湖汽船と連絡することで武豊〜神戸間の連絡をはかったのである。

これは武豊〜神戸間2往復、大垣〜神戸間1往復、合計3往復というもので、運行時刻は1886年6月16日発行の官報にても告知されている。

下り方向で見れば、大垣発および武豊早朝5時30分発の2便はその日のうちに神戸に到着しているが、武豊14時00分発の便は長浜〜大津間の船上で日付が変わり、神戸には翌日の9時35分着となっている。逆方向でも神戸17時55分発の便は大津〜長浜間の船上で日付が変わり、終着の武豊には翌日の12時55分着となっている。

武豊～神戸間　連絡時刻表　1886/明治19年6月16日

鉄道	武豊（発）	…	530	1400
	名古屋（発）	…	730	1600
	木曽川（着）	…	825	1655
人力車	木曽川（発）	…	830	1700
	大垣（着）	…	1130	2000
鉄道	大垣（発）	740	1200	2010
	関ヶ原（発）	816	1236	2046
	長浜（着）	915	1335	2145
太湖汽船	長浜（発）	930	1350	2200
	大津（着）	1330	1730	200
鉄道	大津（発）	1345	1745	545
	京都（発）	1445	1845	645
	大阪（発）	1625	2025	825
	神戸（着）	1735	2135	935

鉄道	神戸（発）	555	955	1755
	大阪（発）	706	1106	1906
	京都（発）	846	1246	2046
	大津（着）	939	1339	2139
太湖汽船	大津（発）	950	1350	2200
	長浜（着）	1330	1750	200
鉄道	長浜（発）	1400	1810	520
	関ヶ原（発）	1503	1913	623
	大垣（着）	1535	1945	655
人力車	大垣（発）	1540	…	700
	木曽川（着）	1835	…	955
鉄道	木曽川（発）	1840	…	1000
	名古屋（発）	1940	…	1100
	武豊（着）	2134	…	1254

＊明治19年6月16日の官報より作成。12時間制を24時間制で表記

全体を通じてみれば、まさに「夜行」である。

明治初期の木曽川には、人力車も通行可能な木橋が架橋されていたが、１８８１（明治14）年に流失しており、この時代は宝江渡船による連絡だった。この先の長良川、揖斐川も架橋はなくやはり渡船だったと想像する。木曽川～大垣間は直線距離で15キロほどあり、この間をこうした条件下にもかかわらず3時間で結んでいたのは驚くべきことだ。人力車の運営も含めて全体の管理を請け負うことになった太湖汽船としては鉄道局の期待に応えるべく、全力を尽くして構築したに違いない。

そして、この名古屋～関西間には、すでに「夜行」移動も必要とする需要があったということも特筆しておきたい。

なお、残った木曽川～大垣間の鉄道は１８８７（明治20）年4月25日までに開通、列車は同日か

ら名古屋〜長浜間を直通運転されるようになった。この間の所要時間は３時間15分と大幅に短縮されたが、太湖汽船による長浜〜大津間の連絡は１８８９（明治22）年７月の東海道線全通まで続くのである。

最初の夜行列車

こうして名古屋〜長浜間の運行が始まったころ、実は東西幹線のルート再検討が行われていた。鉄道局では１８８６（明治19）年にも改めて測量調査を実施し、建設費や線形、所要時間、輸送需要などを再検討し、最終的に東海道ルート採用の結論に至る。

この鉄道局の意見をもとに同年７月13日には閣議決定され、16日に東海道への変更が公布されたのだ。

もともと中山道ルートは軍部が推していたこともあり、この変更は軍部からの反対を受ける。当時、鉄道局のトップにいた井上勝は「１８９０（明治23）年に予定されていた第１回帝国議会までに全通させる」という覚悟で臨んでこれを収め、以後猛烈な速度で横浜および大府と東西から建設が進められていくのだ。

こうして１８８７（明治20）年７月11日の横浜〜国府津《こうづ》間開通を皮切りとし、翌年９月１日には大府〜浜松間、１８８９（明治22）年２月１日に国府津〜静岡間、そして同年４月16日には静岡〜浜松間も開通し、新橋〜長浜間が全通した。

新橋〜神戸間　時刻表　1889/明治22年7月1日

下り							
新橋（発）	…	…	…	610	942	1430	1645
横浜（発）	…	…	…	655	1030	1525	1735
静岡（着）	…	…	…	1214	1609	2100	2254
静岡（発）	…	…	715	1219	1615	…	2259
浜松（発）	…	…	1000	1440	1845	…	116
名古屋（着）	…	…	1348	1810	2210	…	440
名古屋（発）	942	1150	1400	1815	…	…	500
岐阜（発）	1053	1300	1506	1917	…	…	600
米原（発）	1300	1449	1707	2100	…	…	745
京都（着）	1556	1721	1950	2320	…	…	1010
京都（発）	1605	1735	2000	…	…	…	1014
大阪（発）	1735	1920	2150	…	…	…	1145
神戸（着）	1842	2035	2258	…	…	…	1250

上り							
神戸（発）	…	…	…	555	955	1355	1730
大阪（発）	…	…	…	706	1106	1506	1836
京都（着）	…	…	…	835	1235	1631	2000
京都（発）	…	…	535	840	1240	1636	2005
米原（発）	…	…	813	1120	1522	1925	2242
岐阜（発）	…	…	957	1302	1709	2115	001
名古屋（着）	…	…	1055	1358	1807	2215	104
名古屋（発）	…	600	1100	1410	…	…	109
浜松（発）	…	945	1445	1800	…	…	425
静岡（着）	…	1217	1725	2040	…	…	656
静岡（発）	1030	1245	1735	…	…	…	708
横浜（発）	1630	1835	2305	…	…	…	1250
新橋（着）	1715	1925	2350	…	…	…	1340

＊明治22年7月1日の官報より作成。12時間制を24時間制で表記。
表示は主な長距離列車で、これ以外に新橋〜横浜間など区間列車の設定が多数あった

この東海道線建設に合わせて太湖汽船で結ばれていた琵琶湖区間も鉄道で直通させることになり、この区間は湖東線として建設が進められた。また、この建設に合わせて25パーミル急勾配（1000メートルで25メートルの標高差がつく勾配）が連続していた関ヶ原〜長浜間は、勾配緩和をめざして現行の関ヶ原〜米原間に変更。さらに米原〜長浜間にも新たな線路を敷設し、敦賀方面との線路も接続した。こうして東海道線とのちに北陸線となる敦賀方面への分岐点は長浜から米原に移されたのである。

湖東線および米原～長浜間は１８８９年７月１日に開通し、新橋～神戸間６０５・７キロの鉄路が１本に結ばれた。のちに東海道線となる東西幹線の完成である。

この東海道線全通に合わせて新たなダイヤが設定された。

当初、長距離列車はわずかな設定だったが、新橋～神戸間の全区間を直通する列車も１往復誕生した。新橋～神戸間の所要時間は下り20時間５分、上り20時間10分。日中に走り切ることは困難で、首都圏と関西圏の移動に便利な時間帯として下りは新橋16時45分発、神戸へは翌日の12時50分着、上りは神戸17時30分発、新橋へは翌日の13時40分着という設定。つまり夜行による運行となり、日本初の「夜行列車」の誕生である。

ちなみにこの直通列車のスピードを鉄道の速度比較に使われる「表定速度」（途中駅での停車時間も加えた平均速度）で計算してみると、下り列車で時速30・2キロ、上り列車は30・0キロ。現在の山手線表定速度とほとんど変わらぬ水準だ。停車駅の少ない長距離列車とはいえ、１３０余年前という時代を考えれば驚くべき速度で、鉄道の実力を世に知らしめたのである。

長距離運転に向けて車内便所も設置

この夜行列車となる直通列車は、どのようなものだったのだろうか。

列車は蒸気機関車牽引の客車列車である。当時の東海道線では客車と貨車を混結する混

赤松麟作「夜汽車」（東京藝術大学大学美術館蔵）

合列車もあったが、直通列車は客車のみの編成だった。ちなみに混合列車の場合、貨物扱いのある駅では貨車の連結や解放といった入換え作業も行うため相応の停車時間が必要となる。直通列車はこうした時間を省き、速達をめざしていたのだ。

客室など車内の様子を探る手がかりのひとつとして、赤松麟作《りんさく》の油絵「夜汽車」に注目してみてみたい。

赤松は１８７８（明治11）年に岡山県で生まれ、東京藝術大学の前身となる東京美術学校で油絵を学んだ。主に人物画を得意とし、作風は写実的だった。１９００（明治33）年には三重県立第一中学校で美術教師となり、これをきっかけとして美術教育に力を注いでいる。「夜汽車」は１９０１（明治34）年に発表されたもので、赤松の行動から推測すると新橋〜名古屋間の東海道線で乗車した夜行列車の車内を描いたものではなかろうか。

客車の中央から車端部の出入口を望む構図で、中央通路の両側に座席が並んでいる。

座席は窓と直角方向で、いわゆるクロスシート配置だ。座席そのものは簡素な構造で、木製の背ずりとそれを支える棒が目立つ。さいたま市の鉄道博物館に当時の座席が展示されているが、まさにこれと同じだ。ちなみに背ずりは前後に転換できる構造で、進行方向に向かって座ることもできた。

ずらりと並んだ窓の上辺には荷物棚がある。作品に目を凝らすと荷物を載せる部分は網。戦後まで広く使われた網棚である。天井は中央部が一段高い、二段構造。この壁面には小窓や通気口が並び、明り取りや換気を行う構造となっていた。ダブルルーフとも呼ばれるこの構造は東海道線全通時には少なく、赤松が乗車したであろう明治30年ごろから増えていった。一段高くなった天井には照明も見える。

こうした観察から、客車は3等車（旧・下等車）、車内を照らす天井の照明は実用化間もない電灯と想像できる。車内ではタバコをくゆらす人もあり、長い道中を所在なげに過ごしていた雰囲気が生き生きと伝わってくるのだ。

東海道線が全通した時代の客車は、鉄道ファンに〝マッチ箱〟とも呼ばれた車体長7メートルほどの小型の木造2軸客車が主流で、車体の大きな客車（ボギー客車）はまだわずかしか使われていなかった。

客室構造は、車体側面に出入口扉が並ぶ区分室式のものもあったが、現在に通じる中央通路のロングシートやクロスシートの車両も登場していた。ただし、座面に織物（モケット）などを備えたものは少なく、単純な木製ベンチといった感じだ。定員は中等車で32人、下等車で50人が基本となっていた。ちなみに鉄道開業時より客車は上等・中等・下等と3等級に分かれていた。この呼称を1等・2等・3等とするのは1897（明治30）年11月からだ。

車内に便所はなかったが、東海道線全通に向けて官設鉄道新橋工場で製造された中等客車（I形）では車体の一端に便所と洗面所が設置された。これは長距離運転に備えたものだが、実は全通前の東海道線で御料局長官という地位の高い役人が列車に飛び乗ろうとして転落、死亡するという事故が起こった。これはトイレに行くために下車したところ、列車が動き出したのであわてた末の事故とわかり、車内便所設置の気運が起こったともいう。この時代、便所を備えていた車両は御料車などの特別車、そして幌内《ほろない》鉄道の客車ぐらいのもので、官設鉄道の一般客車では最初の便所設置例だった。これは東海道線全通直前の1889（明治22）年5月10日から使用開始となった。

便所は床に穴をあけた原始的な垂れ流し式。ほどなく穴の両側に踏み台を付けたり、陶器製の便器を取り付けたものも登場するが、垂れ流し構造そのものは昭和晩年まで鉄道車両の一般的な方式として使われている。

この新橋工場製客車（I形）は、全長26フィート6インチ（約8077ミリ）、車体長24フィート（約7315ミリ）、車体幅7フィート3インチ（約2210ミリ）で、当時標準のものよりやや大きかったが、便所や洗面所があるため、定員は26人と少なかった。

その後、東海道線全通で輸送力増強も必要と判断され、イギリスから全長49フィート2インチ（約1万4986ミリ）、車体長46フィート6インチ（約1万4173ミリ）、車体幅7フィート3インチ（約2210ミリ）の上等・中等合造ボギー客車（AD形）、下等ボギー客車（AE形）も輸入された。いずれも2軸台車を使用している。

ともに中央通路式で、出入口は両車端部と車両中央に設けられ、客室は前後2室に分けられていた。AD形の場合、それぞれ上等・中等とされ、座席はロングシート状に設置されたソファーだった。定員は上等19名、中等28名の計47名。AE形では前後2室とも下等とされ、座席は木製の背もたれが前後に転換する転換クロスシート。定員は82名だった。

なお、両車両とも車体中央部に便所が付いている。

このAD形、AE形の導入を契機に各鉄道でボギー客車の導入が増えていったのである。

また、夜行列車となれば客室の照明も気になる。実は新橋〜横浜間の鉄道開業時から照明は用意されており、当時の錦絵に夜間走行シーンを描いた作品も見られる。

この照明は石油ランプが使われており、天井に円筒形のランプ吊り下げ口が設置されていた。係員が屋根に上り、蓋を開けて上からランプを差し入れていく方式だった。さいたま市の「鉄道博物館」では明治期の客車の上にマネキンが乗っているが、これは石油ランプを取り付けるシーンを再現しているのである。

JR奈良線の稲荷駅に残るランプ小屋。この路線が東海道本線だった当時のもの（筆者撮影）

また、石油ランプは途中駅停車中に設置される。そのため、取り付け作業を行う駅には石油ランプやその燃料を保管する「ランプ小屋」と呼ばれる油庫も建てられた。可燃物を保管するためレンガ構造で、列車や駅の照明に石油ランプが使われなくなった後も危険物収納などに活用され、近年まで各地で姿を留めていた。奈良線稲荷駅には、当駅がルート変更前の東海道線だった１８７９（明治12）年に建てられたランプ小屋が残っている。現存最古のランプ小屋とし、今では準鉄道記念物に指定のうえ、保存されている。

ただし係員が客車の屋根に上り、石油ランプをいちいち取り付けていくのは手間がかかり、ランプの保守や準備も大変だった。そのため、明治20年代半ばから改良が進められた。

関西鉄道や九州鉄道など各地で採用されたのは、街灯として一般化していたガス灯を使うものだった。これは床下にガスタンクを備え、パイプで天井のランプまで誘導して点灯した。鉄道車両では重油を蒸留したピンチガスを燃料とするものが多く、ピンチガス灯とも呼ばれている。個々に点火するなど扱いは相変わらず大変だったが、石油ランプより明るく好評だったようだ。

また、明治30年代には電灯も登場した。東海道線などを運営していた官設鉄道では車輪の回転をベルトで発電機に伝えて発電、これで電灯を点灯するとともに余力は蓄電池に充電し、停車中の電源とする方式を導入した。残念ながら当初はトラブルもあったようで、故障に備えて客室にロウソク立ても設置したという記録がある。ただし、車輪の回転で発電する方式はなかなか優れたアイディアで、改良を加えながら戦後まで使われている。

私設鉄道（私鉄）の山陽鉄道では、石油発動機、発電機、蓄電池を搭載した電源車を連結する方式も採用している。電源車の発想は昭和30年代に登場するブルートレイン客車に引き継がれたとも言えるだろう。

数十キロごとに機関車を交換しながら運行

客車の先頭に立つ蒸気機関車はどのようなものだったのだろうか。

明治期の蒸気機関車と言えば、鉄道博物館に保存されている「1号機関車」のイメージが強いが、これは鉄道創業期の車両である。東海道線全通時、まだ日本には蒸気機関車を製造する技術はなく、相変わらず欧米諸国からの輸入でまかなわれていた。やがて、運行距離が伸びたことで機関車も大型化され、さらに十数年の時が流れて技術的にも進歩があった。同じ蒸気機関車と言っても明治期の初期と明治30年代ではかなり様変わりしている。

この時代の機関車は、おおむね導入順に振られた番号で区別され、形式によるクラス分けは行われていなかった。しかし、東海道線全通で機関車増備も進められ、開通翌年度には100両を超え、さらに増えていった。

番号だけでは運行管理が困難になり、まず1894（明治27）年に性能別のクラス分けが実施される。これはアルファベットを使い、A〜Mがタンク式、N以降がテンダー式（炭水車が接続された機関車）とされたが、振り分け中に破綻してY以降を再びタンク式、さらにZに達した後はAB、AC……と当てている。その内訳は鉄道愛好家でも判断が難しく、現場でも苦労したようだ。

鉄道局の現業機関を鉄道作業局として分離独立させた1897（明治30）年から再整理に入り、翌年にはアルファベットと数字の組み合わせによる表記とされた。ちなみにアルファベットはA：動輪2軸タンク式、B：動輪3軸タンク式、C：アプト式、D：動輪2軸テンダー式、E：動輪3軸テンダー式、F：動輪4軸テンダー式とわかりやすかったが、結果的にこの表記も長続きしなかった。

実は1906（明治39）年の「鉄道国有法」公布で私鉄各社の車両が国鉄に集まったことから、その整理が必要となってしまったのだ。ここでは形式の整理と車体標記から形式名も判断できる改番も行われ、1909（明治42）年に実施された。このルールに従った表記の一部は国鉄の蒸気機関車終焉《しゅうえん》まで継承されており、理解しやすかったのだろう。以下、この表記で東海道線全通時の機関車の状況を説明する。

東海道線の直通列車をはじめ、旅客列車の主力機となっていたのは1882（明治15）年から導入が始まったイギリス製の5300形だ。直径1372ミリの動輪2軸に先輪2軸を備えた旅客用テンダー機で、最高速度は時速75キロとなっている。使い勝手もよい優秀な機関車だったようで、官設鉄道以外に日本鉄道や山陽鉄道にも導入されている。東海道線では主に平坦線区で使用された。

また、東海道線の場合、山北〜沼津間、大垣〜米原間、馬場（現・膳所《ぜぜ》）〜京都間に25パーミルの急勾配が連続しており、平坦線向けの5300形単機では運行できなかった。ここでは動輪3軸のタンク機、2100形、1850形、1800形などが使用された。これは2両連結の重連運転なども行われている。

東海道線全通時、沿線には新橋から神戸まで14もの機関車庫があった。ここに配置されていた機関車は83両で、これによって東海道線以外にも開通していた横須賀線、武豊線、敦賀線（のち北陸線）の運行を担当していた。

『日本国有鉄道百年史　第1巻』によると、この時代の機関車の運行区間がどのように定められ、直通列車の場合、どこで機関車交換が行われていたかわからないとした上で、おおむね隣接機関車庫で交換していったと思われるとしている。

蒸気機関車の運転には燃料となる石炭や水が必要で、これは自ら積載していた。機関車本体に積載するのはタンク式、機関車に連結した炭水車に積載するのはテンダー式と呼ばれている。積載量はテンダー式の方が多く、長距離運転に向いていることになる。使用量の多い水は途中の駅にも給水設備を設けて補給していくが、石炭は機関車庫で搭載、途中駅での補給はあまりしない。ここから当時のテンダー式でも運行距離は100キロ程度と推定し、隣接機関車庫での交換としているのだ。

ともあれ直通列車をはじめ東海道線を走る列車は、機関車庫のある駅では機関車交換のため必ず5〜10分間停車していた。これが1〜2時間おきに繰り返されていたのである。随分のんびりとした運転にも思われるが、それでも徒歩の移動に比べたら次元の異なる速度だった。これが明治の人々が体感した鉄道なのである。

私設鉄道でも夜行列車を運行開始

東海道線が全通したころ、国内各地でも鉄道建設が進められていた。

東京と中京・関西エリアを結ぶ東海道線が国による官設鉄道となっていたことにも象徴されるが、政府は鉄道、特に幹線については自ら建設運営していく考えだった。民間に託した場合、一地方の利益を目的とした鉄道建設は全国的計画に支障をきたす、収支によって建設計画が変更されたり、鉄道が独占される恐れがあるなど、さまざまな弊害を考えていたのである。

　こうして東海道線をはじめ、信越線、奥羽線、北陸線などを官設鉄道として建設していくことになる。しかし、発足間もない明治政府の財政は脆弱《ぜいじゃく》で、加えて１８７７（明治10）年の西南戦争によって逼迫《ひっぱく》することになり、建設は計画通りに進まなかった。例えば、工事認可まで進んでいた東京〜高崎間の鉄道も財政上の理由から１８８０（明治13）年には認可取り消しといった事態も起こってしまった。

　一方、民間からは不況打開の起業という発想もあり、各地で鉄道建設の請願が出てくる。結局、政府は財政立て直し政策としてさまざまな官営企業を払い下げ、そして幹線鉄道に対しても民間に委ねるべく方針転換したのだ。

　こうした中、岩倉具視らが計画していた日本鉄道会社が１８８１（明治14）年に設立され、政府もこれを認めた。会社名にもうたわれたようにその計画は壮大で、政府が挫折した東京〜高崎間を皮切りに東北地方の青森まで、高崎から中山道経由で新潟や羽州へ、さらには九州内各地での路線もラインナップされている。

　日本鉄道は１８８３（明治16）年に上野〜熊谷間で開業、翌年には高崎駅まで延伸した。現在の高崎線となる路線が完成、これにより官設鉄道として計画されて信越線の途《みち》が拓《ひら》けた。その後、日本鉄道は現在の山手線の前身となる路線も建設しながら、上野〜高崎間の途中にある大宮駅から青森をめざして現在の東北線となる路線の建設を進めていく。

1885（明治18）年には宇都宮駅まで、翌年には黒磯駅までと順調に延伸して、1887（明治20）年暮れには仙台駅まで達した。この時、仙台駅先の塩竈《しおがま》駅まで同時に開通しているが、これは太平洋に面し、仙台の外港として栄えた塩釜港に隣接した駅で、東海道線建設時の武豊駅のようなものだ。東北線開通後は支線の塩竈線（のち塩釜線）となり、旅客営業は1956（昭和31）年に廃止されてしまったが、その後は貨物線として平成時代まで使われている。

仙台延伸時の上野〜仙台間は349・5キロ。この延伸開通時に直通列車も1往復設定された。下り列車の場合、上野駅を7時ちょうど発、仙台駅には19時20分着で、上り列車は仙台駅7時30分発、上野駅19時45分着で、いずれも昼行列車としての運転だった。

その後も線路の延伸は続き、1890（明治23）年11月には上野起点で当時531・1キロとなる盛岡駅まで達した。当初は仙台〜盛岡間に2往復運転しただけで、上野駅からの直通列車は設定されていない。ただし、翌年には青森駅延伸を待たずに上野〜盛岡間で直通列車が設定され、これが東海道線に続く「夜行列車」となったのである。

ちなみに運転開始ははっきりしないが、官報の1891（明治24）年4月25日掲載時刻表では上野〜仙台間と仙台〜盛岡間に分かれており、同年7月1日掲載分から上野〜盛岡間の直通列車が記載されている。この間のいずれか、もしくは7月1日から運転開始となったようだ。

下り列車の場合、上野駅は14時45分発、福島〜仙台間で日付を跨ぎ、盛岡駅には9時30分着となった。上りの場合、盛岡駅は17時50分発で仙台駅到着前に日付を跨ぎ、上野駅には12時25分着だった。表定速度は下りが時速28・3キロ、上りが時速28・6キロと東海道線より若干遅いが、黒磯〜仙台間に勾配区間が連続していることを考えるとなかなかの速度と思う。

日本鉄道の場合、運行は官設鉄道に業務委託されていたこともあり、機関車は当初官設鉄道と同形機、あるいは政府が輸入した機関車が使用されている。

東海道線で活躍していた５３００形も使われているが、この時代の主力となったのは12両も配備された５２３０形だった。５３００形同様、直径１３７２ミリの大動輪２軸に先輪２軸を備えた旅客用テンダー機で、１８８４（明治17）年にイギリスから輸入されている。導入された両数からして、おそらく日本鉄道初の「夜行列車」にも起用されたと想像する。

客車については、日本鉄道も２軸客車で運行開始となったが、盛岡延伸の前年、１８８９（明治22）年からボギー客車の導入が始まった。形態は東海道線で使用された客車とほぼ同じで、上等・中等はロングシート状のソファー、下等は木製の背もたれが前後に転換する転換クロスシートだった。なお、両車両とも車体中央部に便所を設けた長距離列車仕様で、上野〜盛岡間の直通列車にもこれが使用されたことだろう。

上野〜盛岡間に「夜行列車」が誕生した1891（明治24）年の9月1日、盛岡〜青森間も開通して、ついに上野〜青森間735・3キロ（当時）が全通した。すでに東海道線よりも長く、のちに起点を上野駅から東京駅に移すなどさらなる変遷もあるが、平成時代に一部区間を第三セクター鉄道に分離するまで日本最長の路線となっていた。

青森駅への全通とともに上野〜青森間の直通列車も運転開始となったが、これは上野〜盛岡間の直通列車をそのまま青森駅まで足を延ばすかたちの夜行列車だった。下り列車は上野駅14時45分発で変わらず、青森駅には翌日の17時10分着。上りは青森駅9時45分発で、上野駅には翌日の12時25分着。これも上野〜盛岡時代と同時刻の到着だった。

所要時間は下りが26時間25分、上りは26時間40分、表定速度は下り時速27・8キロ、上り時速27・6キロと上野〜盛岡間より若干遅くなっている。新たに開通した盛岡〜八戸（当時は尻内）間には「奥中山」として知られる峠越えがあり、ここで時間をくってしまったと思われる。ただし、上野〜盛岡間の所要時間で見ると下りは40分、上りは25分も時間短縮され、日本鉄道としても直通列車の利便性を向上させるべく努力していることがわかる。

こうして東北線を全通させた日本鉄道では、さらに常磐線などを建設、水戸鉄道や両毛鉄道を吸収するかたちでそのネットワークを広げていく。その最中の1894（明治27）年には官設鉄道から独立を果たし、独自の運営体制を築いていったのである。最終的に日本鉄道は1384・7キロもの路線を持つ、日本最大の私設鉄道となっている。

時刻表に「夜行」表記も登場

日本鉄道の設立と開業、そして成功は、全国各地で鉄道起業熱を高めることになった。ほどなく現在の南海電鉄の前身となる阪堺鉄道、また四国の伊予鉄道が開業し、その後も鉄道設立や建設の請願が相次いだ。こうして日本鉄道設立から10年余りで40数社におよぶ私設鉄道が発起されるという〝私設鉄道ブーム〟となったのである。

ただし、投機的な目的による粗雑な計画も多く、政府としてもその対応が課題となる。まず１８８７（明治20）年には「私設鉄道条例」を公布、のちの１９００（明治33）年には法律として体系を整えた「私設鉄道法」も制定された。まさに無法地帯だった私設鉄道建設に一定の枠組みをつくり、それを指導・監督していく道筋を立てたのだ。

この私設鉄道条例によって最初に免許を得たのは山陽鉄道だった。まず神戸〜姫路間を建設、その後西進を重ねて山陽道を縦貫する計画だった。１８８８（明治21）年の年頭に免許が下り、同年1月9日に山陽鉄道が設立している。

山陽鉄道の場合、関係者の熱心な運動もあったが、沿線の広島には日本帝国陸軍の第五師団（鉄道計画時は広島鎮台）、そして呉には日本帝国海軍の鎮守府もあった。軍事上も重要な使命を持つ路線として、認可に至る判断もあったに違いない。実際、広島延伸からおよそ１か月後の１８９４（明治27）年7月25日に日清戦争が勃発し、山陽鉄道は軍事輸送

神戸～三原間　時刻表　1892/明治25年7月20日

下り											
神戸（発）	…	…	518	735	946	1144	…	1348	1641	1827	2003
明石（発）	…	…	603	822	1031	1232	…	1431	1730	1916	2049
姫路（発）	…	…	719	938	1142	1343着	…	1549	1844着	2037	2159着
三石（発）	…	…	857	1117	1318	…	…	1726	…	2206	…
岡山（発）	542	802	1024	1242	1449	…	1707	1900	…	2328	…
福山（発）	743	1004	1226	1441	1653	…	1915	2100	…	129	…
三原（着）	847	1108	1325	1540	1755	…	2015	2200	…	226	…

上り												
三原（発）	…	…	445	716	…	937	1123	…	1333	1547	1811	2248
福山（発）	…	…	601	823	…	1043	1228	…	1438	1650	1916	2351
岡山（発）	…	601	824	1024着	…	1247	1429着	…	1636	1846着	2116着	201
三石（発）	…	738	957	…	…	1419	…	…	1802	…	…	326
姫路（発）	733	940	1140	…	1433	1609	…	1748	1936	…	…	514
明石（発）	849	1055	1257	…	1550	1725	…	1911	2048	…	…	630
神戸（着）	934	1136	1339	…	1633	1812	…	1955	2130	…	…	715

＊明治25年9月1日の官報より作成。12時間制を24時間制で表記。三原＝現・糸崎

に大きな業績を残すことになった。

　ともあれ山陽鉄道は、免許取得後すぐ建設に取りかかり、同年中に兵庫～姫路間を開業、翌年には神戸～兵庫間も開業して、神戸駅で東海道線との乗り継ぎもできるようになった。また、当初の計画通りさらなる西進を続け、１８９１（明治24）年３月には岡山駅まで、同年11月には尾道駅まで、翌年７月20日には三原駅（現・糸崎）まで達している。

　神戸～三原間は２３０・９キロ、東北線で言えば上野～郡山間ぐらいの短い距離だが、山陽鉄道ではこの時から「夜行列車」の運行を実施している。

　下り列車は、神戸駅を18時27分に出発、岡山駅を出たところで日付を跨ぎ、三原駅には２時26分着。早朝というより、深夜となる時間帯だ。この時代、先述のように神戸駅では官設鉄道の東海道

線との乗り換えもできるようになっていた。前日の21時50分に新橋駅を出発した直通列車は神戸駅に18時10分着。たぶん、この乗り継ぎの便をはかり、こんな時間帯の設定になったのではなかろうか。ふた晩車中泊を続ければ、新橋駅から三原駅まで移動できたのである。

一方、上り列車は三原駅を22時48分に出発、福山駅を出たところで日付を跨ぎ、神戸駅には7時15分着だ。夜行列車としては模範的な時間帯での設定だ。こちらは1時間少々で浜松行きに乗り継げた。

神戸〜三原間の所要時間を見ると、下り列車の場合は7時間59分、上り列車では8時間15分。下り列車はこの間の最速に近く、表定速度は時速28・9キロ。当時としては標準的なスピードと言えるだろう。

山陽鉄道はその後も西進を続け、1894（明治27）年6月10日には広島駅まで延伸した。この時、神戸〜広島間の直通列車3往復を設定している。残念ながら該当時刻表が確認できなかったが、4か月後に実施された10月10日ダイヤ改正時の時刻を見ると昼行2往復、夜行1往復となっている。夜行列車の場合、時刻は神戸〜三原間時代と変わっているが、列車設定の狙いはほぼ同じ。たぶん、6月10日時点でも夜行1往復の運転があったと思われる。

10月10日ダイヤ改正時のようすを明治27年11月1日発行の『汽車汽船旅行案内』（庚寅

新誌社）で見ると、神戸駅発時刻が各時間帯とも00分と揃っている。少なくとも起点となる神戸駅では発車時刻を揃えることで使いやすさをめざしたに違いない。

ここでは夜行列車の発車時刻も調整されており、神戸〜三原間時代の神戸駅18時27分発が20時ちょうど発となっている。同様に上り列車の広島駅発時刻も20時ちょうどと揃えられている。往復利用者にも覚えやすく、ここに山陽鉄道の工夫が見て取れる。

また、下り列車の広島駅到着は明朝8時43分、上り列車の神戸駅到着は明朝8時45分とほぼ変わらず、所要時間は下り列車で12時間43分となっている。実は神戸〜広島間開通時の直通列車所要時間は最短で9時間40分で、それに比べて夜行列車はゆっくりだ。

時刻の詳細を見ていくと、この夜行列車は途中の姫路・岡山・糸崎などで駅停車時間をたっぷりとっている。神戸・広島の両地点で使いやすい発着時刻とするため、時間調整をしていたと想像できる。

さらにこの『汽車汽船旅行案内』の山陽鉄道のページには列車種別が記され、「急行」「混合」とともに「夜行」の文字も見える。該当号で調べる限り、ほかの路線や鉄道に列車種別表記はなく、夜行の表記もない。山陽鉄道では「夜行列車」であることもPRすべき特色と考え、版元もその意向を汲《く》んだようだ。

余談だが、ここに記された「急行」にも注目しておきたい。山陽鉄道は10月10日ダイヤ改正から神戸〜広島間直通列車のうちの1往復を主要駅のみに停車する「急行」としたのである。これにより神戸〜広島間の所要時間は8時間56分と44分も短縮されている。ちなみに官設鉄道では新橋〜横浜間時代の1882（明治15）年から途中駅を通過する運転も行われていたが、本格的な急行は1896（明治29）年からとなる。山陽鉄道では官設鉄道に先駆けて、急行という新しいサービスを始めたのである。

また、「混合」とは客車と貨車を連結する混合列車のこと、1本の列車で旅客列車と貨物列車の2つの役割を果たす運転方法だ。途中駅で貨車の連結や切り離しも行うため、相応の停車時間が必要となるが、機関車や乗務員の運用からすると経費節約にもなるのだ。

この「混合」と記された中に神戸駅を深夜の2時10分に出発、夜が明けた7時55分に岡山駅に到着する下り列車がある。何とも中途半端な時間帯に見えるが、これは東海道線との接続をはかった設定だった。もちろんこれも夜行列車である。

東海道線では、新橋駅を朝の6時ちょうどに出発、各駅に停まりながら名古屋駅には夕方の17時55分に到着する。さらに歩を進めて大阪駅には日付を越えた0時10分着。そして終着の神戸駅には深夜1時41分着となる列車があり、山陽鉄道の列車はこの乗客を引き継ぐかたちで神戸駅を出発したのだ。かくして新橋駅から岡山駅までの所要時間は乗り換えも含めて25時間55分。深夜の乗り継ぎは面倒だが、わずか1泊で移動できるようになり、格段の進歩となったのである。

山陽鉄道はその発足時より瀬戸内海に発達した海運業とのライバル関係にあった。その競争に打ち勝つため、山陽鉄道ではこうした工夫を重ね、さまざまなサービスを試みている。

先述の「急行」のほかにも、官設鉄道に先駆けて一般車両の車内トイレの設置（1888年）、車内灯の電化（1890年）、列車ボーイの乗務（1898年）、食堂車の連結（1899年）、さらにはステーションホテルの設置（1902年）など次々と新機軸を打ち出した。そして1900（明治33）年には日本初となる寝台車も導入し、夜行列車の革命的なサービスアップを実現したのである。

夜行列車ならではの車内照明

列車内の照明は、先述のように石油ランプで始まった。最初の導入は官設鉄道だったが、日本鉄道や山陽鉄道をはじめ、ほかの私設鉄道でもこの方式に倣った。これは夜間運行の列車を対象に行っており、夜行列車に限ったサービスではない。

この石油ランプは、駅停車中に係員が点灯したランプを設置するもので、列車の運行に合わせて所定の駅に石油ランプが準備され、係員も待機させていたのだ。

そのため、点灯したり消灯したりの切り替えは簡単にできず、日中走行中のトンネルでは車内が暗くなっても無灯だった。のちにトンネルが連続する区間などで石油ランプを点灯するケースも出てくるが、これは格別のサービスだったようだ。

また、季節によって日照時間が異なる。例えば前項で紹介した神戸20時発広島行き列車の場合、5月下旬から7月上旬にかけては尾道駅出発の4時59分より前に日の出となるが、1月だと西条駅出発の7時28分ごろにようやく日の出となる。日の出に限ってみても夏と冬で2時間以上差があり、日没も加味すれば4時間以上の差となる。そのため、灯油の無駄を省くため、点灯あるいは消灯する駅を季節に合わせて替えていた鉄道もあったようだ。実際、山陽鉄道沿線の『芸備日日新聞』には「列車点灯駅」として季節ごとの点灯駅などの情報が紹介されている。また、この新聞には「所定の駅で消灯し忘れ、その先で発覚。臨時の消灯作業を行ったために3分遅れた」という記事もあり、石油ランプの点灯や消灯の場所は人々の大きな関心事だったと想像できる。

筆者も山小屋などで石油ランプの世話になった経験もあるが、その照度はロウソクと大差なかった。しかもススが多く出るため、ランプは毎日清掃しないとさらに暗くなった。ちなみに昨今のアウトドアで使用するガソリンランプやガスランプは格段に明るく、これとは比較にならない。

山陽鉄道は、手間がかかり、照度も低い石油ランプに対して、いち早く改革に取り組んだ。狙いは「電気」だった。日本では明治20年代から火力発電所や水力発電所が建設されるようになり、電気の時代が始まりつつあった。1895（明治28）年には京都で日本初の営業用電車の運転も始まったのである。

山陽鉄道では、停車場や車両工場などから電灯の導入をはかり、1897(明治30)年には使用を開始している。電灯はスイッチ一つで点滅が切り替えられ、なおかつ照度面の評判もよかったようで、ほどなく列車内への応用が検討される。技術的な問題はいくつかあったが、やはり電気の供給源がネックとなった。

山陽鉄道の初代社長となった中上川《なかみがわ》彦次郎は、3年にわたるイギリス留学により海外の鉄道事情にも明るく、帰国後も鉄道技術の情報収集を続けていた。収集された文献の一部は邦訳され、『英国鉄道論』など山陽鉄道の手によって出版もされている。この『英国鉄道論』にも列車内電灯について記され、電源については「鉄道客車ノ点灯上、電流ヲ得ルニ少ナクトモ三法アル」として詳細が説明されている。『英国鉄道論』邦訳の出版は1894(明治27)年。山陽鉄道の技術陣もこれを参考にしたに違いない。

当初は貨車に『英国鉄道論』にも紹介されている石油発動機を搭載、これによって発電した電気を客車に供給させるアイディアが試された。山陽鉄道では「発電車」と呼ばれ、3両製造された記録が残っている。この発電車方式は、戦後の国鉄で誕生し、「ブルートレイン」と呼ばれた20系客車に使用された「電源車」と同じ発想だが、当時の石油発動機+発電機のシステムは故障も多く、試験的な使用に終わったようだ。

続いて貨車に蓄電池を搭載して、ここから電気を供給する方式が検討される。蓄電池はドイツから輸入された50ボルト、360アンペアのものでテストされた。試用結果は上々だったが、輸入蓄電池は高価だった。維持費軽減ももくろむ電灯化だったが、これでは本末転倒とされ、山陽鉄道では自社で蓄電池の開発に取り組んだ。その結果、100ボルト、300アンペアの蓄電池の製造に成功、これを搭載した「蓄電車」が完成、最終的に30余両も増備している。

この発電車や蓄電車を使った客車の電灯照明試験は、1899（明治32）年から始まり、翌1900年には営業列車でも運用が始まっている。実はこの年の4月に山陽鉄道では日本初の「寝台車」を導入しており、これに合わせた導入だったと想像される。

当初は3列車での電灯照明だったが、1901（明治34）年には発電車を廃止する一方で蓄電車を増備して13列車を電灯照明化、さらに翌年には20列車以上で電灯照明を実施している。山陽鉄道ではこうした電灯照明のPRも行い、『汽車汽船旅行案内』には「汽車汽船共夜間電灯を点火するを以て、室内煌々として坐がら新聞等を繙読し得る」などと記した広告も掲載している。

こうした山陽鉄道の電灯導入に触発されたのか、1901年3月発行の『帝国鉄道協会会報』第2巻6号には、フランスで開催された「英国鉄道会議」の話題として「列車点火法」についての紹介がある。この記事では油灯やガス灯などに合わせて電灯も紹介され、電灯は照光が一定で、点滅が自由、保存清掃が容易、さらに破裂火災の憂いもないとしている。また、電源については発電機や蓄電池にも触れ、こうした解決すべき問題はあるも

の の「電灯の採用は列車保安上一大進歩と云うべきなり」と結んでいる。

ちなみに『鉄道ギネスブック』（リチャード・ボークウィル、ジョン・マーシャル イカロス出版）によると初の列車電灯照明は１８８１（明治14）年にイギリスで登場し、欧米諸国に広がっていったようだ。こうして列車電灯は世界的なブームになったようで、日本でも山陽鉄道での導入後、徐々に標準仕様となっていったのだ。

日本初の「寝台車」誕生

山陽鉄道は１８９４（明治27）年に広島駅まで到達したのち、さらに西進を続けた。１８９７（明治30）年には徳山駅、１８９８（明治31）年には三田尻（現・防府《ほうふ》）駅、１９００（明治33）年には厚狭《あさ》駅と着実に延伸を続け、１９０１（明治34）年5月27日には馬関（現・下関）駅まで開通して、当初の計画にあった神戸～馬関間３２９マイル21チェーン（約５２９・９キロ）が全通となった。

この間、山陽鉄道では神戸駅から官設鉄道（東海道線）の京都駅まで直通運転を始め、広島延伸時に新設した「急行」運転をやめて列車本数を増やし、あるいは「急行」を再設定したりと、需要に応じたサービスを提供すべく模索が続いている。ちなみに神戸～馬関間の所要時間は最短でも12時間35分におよび、全通時の直通列車は京都～馬関間の昼行「最急行」１往復、京都・大阪～馬関間の夜行急行3往復と夜行列車の比率が高くなっている。

当時の特筆すべきサービスとしては、三田尻駅延伸からおよそ半年後の１８９８年９月に「列車ボーイ」の乗務を始めた。これは同年１月から関西鉄道で「列車付小使」として始まったサービスで、車内の清掃や電報扱いなど乗客のさまざまな用向きに応じる役目だった。先述の『英国鉄道論』にも「給仕」として簡単に紹介されている。

山陽鉄道では列車ボーイの乗務開始後、車内で強盗殺人事件も発生したため、特に夜行列車に乗務する列車ボーイを増やして警備にも当たらせたようだ。ちなみにこの事件については内田百閒《ひゃっけん》の随筆「汽笛一聲《いっせい》」にも記されている。

また、１８９９（明治32）年５月には京都～三田尻間の昼行急行１往復に日本初となる「食堂車」の連結も開始した。これは17メートル級のボギー客車の半分を食堂と厨房、半分を１等客室としたもので、当初の定員は食堂側が10名、１等座席は27名だった。

営業は神戸で初めて日本人が開設したホテル「自由亭ホテル」（当初は「後藤旅館」、のちに「みかどホテル」）に委託、西洋料理とコーヒーやビールなどを提供している。自由亭ホテルの創始者だった後藤勝造はのちに神戸駅でフランス料理の「みかど食堂」も開設、これが日本の駅構内食堂の創始とも言われている。また、こうした縁から「みかど」グループは昭和期になって車内販売、食堂車、構内食堂を担当する「日本食堂」が設立される際にも関わりを持ち、日本の鉄道の食文化を支えた立役者ともいえる存在だ。

山陽鉄道の寝台車（『山陽鉄道沿線名勝及汽車写真帖』より　宮内庁図書寮文庫蔵）

さらに山陽鉄道では延伸とともに需要が伸びていた夜行列車のサービスアップもはかり、日本初となる「寝台車」の導入を検討する。

実はこれも先述の『英国鉄道論』で「安眠車」として紹介されていた。「其客車ノ中ニ於テ、一寝所ヲ占メ得ルヲ以テ、（中略）寝室ニハ寝床、枕、蔽及毛布ヲ備エ」と説明され、「恰《あたか》モ家ニ在テ安眠スルカ如ク、愉快ナル一夜ノ休息ヲナスヲ得ヘシ」と評価している。

山陽鉄道ではこの『英国鉄道論』をはじめ、海外の寝台車を研究しながら独自開発の道を選び、自社の兵庫工場で製造された。

基本は先の「食堂車」と同じく17メートル級のボギー客車だが、当初はデッキ部の覆いがなく、車体長は15メートルほどだった。また、全室を寝台車とするのではなく、食堂車の機能を併せ持つ「寝台食堂合造車」となった。ちなみに寝台の等級は1等だった。

車端部のデッキにある扉から客室に入ると、左右に小部屋があり、化粧室やトイレ、そして物置となっていた。さらに引き戸を開けると寝台車となる客室に入る。

ここでは中央の通路を挟んで窓側にソファーが並び、これが夜間は寝台となる。座席配置からすれば現在の通勤電車のようなロングシートだが、適当な間隔でひじ掛けがあり、これが１人分の寝台スペースとなっていた。

また、窓上には折りたたみ式の寝台も収納されており、夜間はこれが上段寝台となる。寝台利用時、上段に上がる階段も用意されていた。夜間は上段・下段それぞれの寝台がカーテンで覆われ、これによってプライバシーを保つ構造だ。

当時の記録によれば、夜間は寝台となる腰掛けはビロード生地で覆われ、窓は二重ガラスで保温性はよく、さらに暖房用のスチームも通っていたようだ。寝台は片側４人分、それが通路の左右および上段・下段となるため、寝台定員は16名となる。

さらに進み、客車の半室は食堂となっている。ここにはテーブルとソファーが８人分用意され、その配置は１人用、２人用、４人用とさまざまな利用者を想定して工夫されていた。食堂に隣接してデッキ側にはコンパクトな厨房も設けられている。

この寝台食堂車は１９００（明治33）年４月８日からは大阪〜三田尻間の夜行１往復に連結され、営業運転を開始した。利用者から好評を博し、国内の鉄道関係者の注目も集めたようで、同年10月には官設鉄道でも寝台車を導入している。

なお、どのように使われていたのかよくわからないが、山陽鉄道では１８９８（明治31）年に客室中央部を座席ではなく畳敷きとした客車も導入している。当時の生活環境か

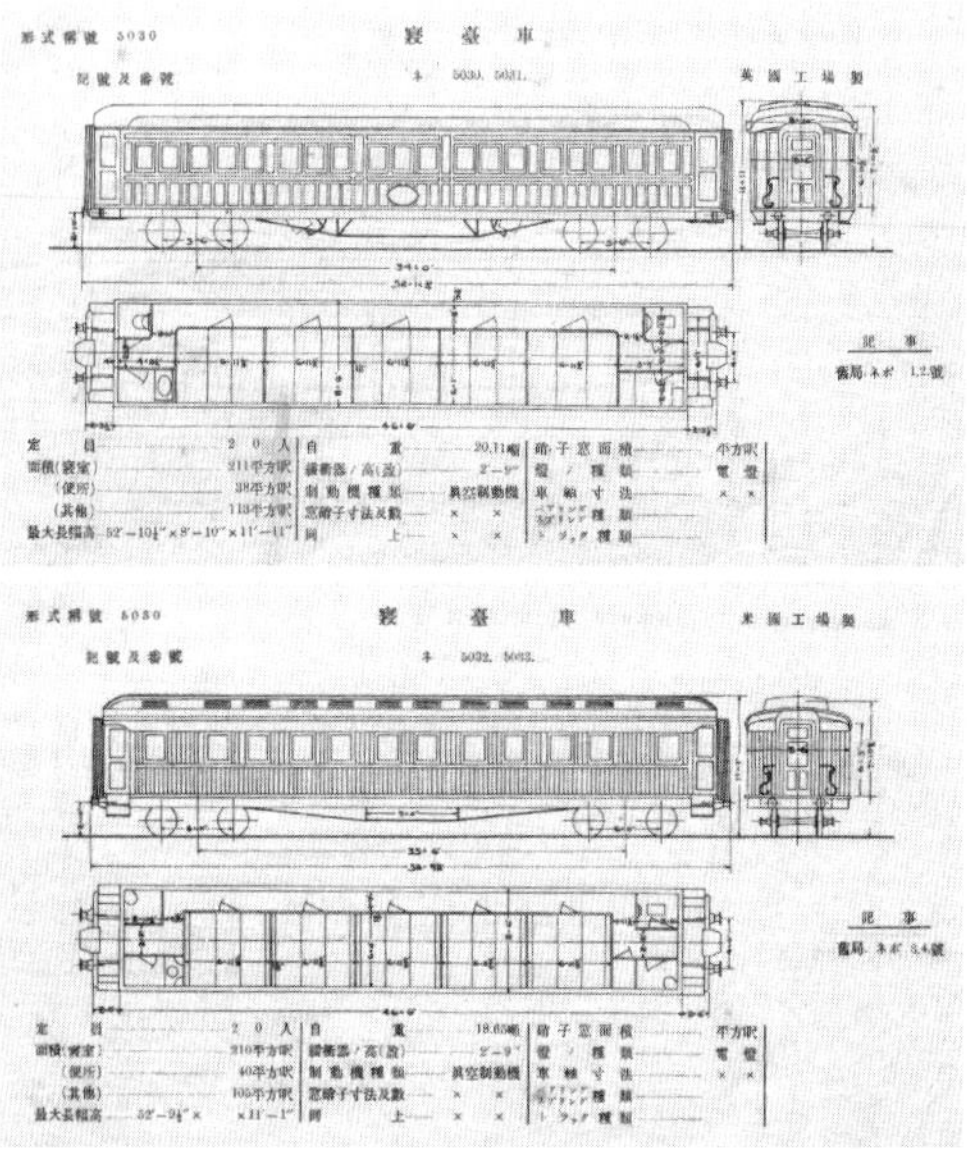

官設鉄道の寝台車の図面。上が英国製（ネボ１・２。のちネ5030形）、下が米国製（ネボ３・４。のちネ5030形）（鉄道院「客車略図」下巻より　国立国会図書館蔵）

らすれば座席に座るより、畳に正座した方がくつろげる乗客もあったと思うが、ここでは横になることもできたはずだ。夜行列車に使われたとすれば、寝台車導入に向けた日本流のアプローチだったとも思える。

　この時代、海外の寝台車はどうなっていたのだろうか。

『鉄道ギネスブック』によると、日本がまだ江戸時代だった１８３７年に、アメリカで世界初の寝台車が登場したとされている。この時代、アメリカでも寝台車を必要とする路線長を持っていた鉄道は少なく、寝台車は座席車からの改造だったようだ。やがてアメリカをはじめ各国の路線延伸とともに寝台車の導入が進められていった。

『英国鉄道論』の「安眠車」はアメリカ製の「ポルマン客車」とされている。これは「プルマン（Pullman）客車」のことと想像する。

「プルマン」は1860年代から寝台車や食堂車の開発製造を行った会社で、さらに自社製の客車を車掌や調理人、給仕などの乗務員とセットにして鉄道会社に提供するといった事業も展開している。プルマンはアメリカやカナダ、イギリスなどで業績を伸ばしていった。

1870年代にはベルギーで同様の事業を行う「ワゴン・リ」も誕生。同社も自社の路線や機関車を持たずに著名な「オリエント急行」など数多くの国際列車を手がけている。

プルマンの寝台車は、中央通路式、窓側に進行方向に向けた2段寝台を配置するのが定番だった。日中は上段を跳ね上げて収納、下段を座席とした。座席は向かい合わせのソファーとするのが一般的で、この方式は「プルマン式」とも呼ばれている。

山陽鉄道の寝台車も中央通路式だが、座席は窓に背を向けたロングシート状で、これは「ツーリスト式」と呼び分けられることが多い。

一方、ワゴン・リの寝台車は、片側通路式で、寝室は区分個室（コンパートメント）となっている。寝台は枕木方向に配置されている。

また、ワゴン・リと同じ寝台配置で、個室としない開放式寝台もある。2段あるいは3段などがあるが、その後の日本で最も多く使用された寝台方式だ。のちに国鉄ではこの方式を「長手寝台」、プルマン式を「横手寝台」と呼び分けていたこともある。

「寝台車」の発展

山陽鉄道で寝台車のサービスが始まってからおよそ半年後の1900(明治33)年10月1日から、官設鉄道でも新橋〜神戸間の夜行急行1往復で寝台車の連結を開始した。

山陽鉄道の寝台車は自社の兵庫工場で製造されたが、官設鉄道の寝台車はイギリスおよびアメリカから2両ずつ輸入された。ともに16メートル級の木造ボギー車で、片側通路式、4人部屋の区分室が5部屋あり、定員は20名となっていた。等級は1等で、車端部には洗面所とトイレも備えられていた。

車両番号はイギリス製がネボ1・2、アメリカ製はネボ3・4と命名されたが、仕様は酷似しており、のちの形式称号改定ではネ5030形と同一形式になっている。ちなみに車両の用途を示す記号として「寝台」に「ネ」が使われているが、これは「寝る」に由来したもので、現在のJR車両にまで踏襲されている。

寝台料金は運賃とは別に支払う方式で、山陽鉄道は一律2円だったが、官設鉄道は一昼夜4円、昼間のみ2円、夜間のみ3円とした。区分室のため、昼間でも一般の座席より上級のサービスという位置づけだったようだ。ちなみに3月1日〜10月末日は午後6時〜午前7時を夜間、11月1日〜2月末日は午後5時〜午前8時を夜間と細かく定めている。

また、寝台の利用時間は夜間の設定とは別で、通年午後10時に準備し、午前8時に片づけるとされた。ここでは、指定時間以外に寝台を使う際は、同室者の同意を得なければならない、とただし書きも添えられている。この記述により、官設鉄道の区分室は部屋ごとではなく、寝台ごとに販売されていたこともわかる。

乗客の中には一部屋を貸し切りで使いたい希望もあると想定し、この場合は一部屋分の1等運賃と寝台料金を支払うことと定めてある。なお、この時代の運賃は1等・2等・3等と等級別に設定されており、現在のように均一運賃ではない。

官設鉄道でも1901（明治34）年から列車ボーイを乗務させており、「寝台車には列車給仕を乗り込ませ、諸般の用事を受ける」旨の記述もある。

また、『日本国有鉄道百年史　第3巻』には、温脚器（湯たんぽ）に代えてスチームヒーターを使い、車内温度を常に華氏60度に保つといった記述もあり、山陽鉄道の寝台車同様、このころから蒸気暖房が使われるようになったようだ。ただし、華氏60度と言えば摂氏に換算しておよそ15・6度。今の感覚からするといささか寒い気がする。

山陽鉄道、官設鉄道（東海道線）に引き続き、1903（明治36）年には日本鉄道でも寝台車を導入している。日本鉄道では同社の大宮工場で一気に6両も製造、8月21日から上野～青森間の急行2往復に連結した。もっとも、寝台車といっても1等寝台4名、1等座席12名、2等座席25名という合造車で、寝台機能はわずかだった。また、車体中央に簡単な厨房も備えられ、ビュフェのような供食サービスも実施されたようだ。

一方、山陽鉄道の1等寝台車は増備を重ね、最終的に15両（3両は食堂なし）の陣容となった。これにより1901（明治34）年の神戸～馬関間全通時には、夜行急行3往復のうち2往復を寝台車連結とし、さらに翌年には夜行急行3往復とも寝台車連結とした。また、寝台料金も一律2円を改め、深夜12時以降に使用開始、あるいは早朝4時までの使用に対しては「半夜」として1円50銭に割り引いた。ただし、12時までに使用開始、4時以降も使用する場合は「終夜」として、これは2円50銭としている。

とはいえ、これでも寝台車はごく限られた乗客が利用できる贅沢品だった。山陽鉄道ではサービスを拡張すべく2等および3等寝台車の開発に着手する。

当時の運賃体系は先述のように等級別になっていたが、詳細な決まりは各社によって異なり、山陽鉄道の場合、2等運賃は3等運賃の1・65倍、1等運賃は3等の2・3倍となっていた。仮に1等寝台車の定員が20名としたら、2等寝台車は28名、3等寝台車は46名としないと収支のバランスが崩れてしまう。そこで山陽鉄道は定員増をはかれる構造に知恵を出し、定員52名にもなる2等寝台車を開発した。基本は中央通路式、窓側にロングシートタイプの座席が並ぶいわゆる「ツーリスト式」だ。ただし、寝台とした時、頭部を高く斜めに設定、隣の人の足先がその下に伸ばせるという仕掛けだった。これを上下2段として定員を確保したのである。このような構造ゆえ、寝台料金も上段20銭、下段40銭として、1両満席でも15円60銭だった。収入で言えば1等寝台よりかなり低くなるが、鉄道のPRには大きく役立ったと思われる。

1903（明治36）年5月1日から京都・大阪〜下関（1902年6月1日の市名改称にともない駅名も馬関から下関に改称）間の夜行急行1往復で連結を開始したが、人気は上々だったようで、さらに客車を増備して全6両として同年7月21日から2等寝台車連結列車を2往復運転としている。なお、山陽鉄道ではさらに定員を増やした3等寝台車も考案していたようだが、これは残念ながら実現せずに終わっている。

寝台車連結列車一覧　1906/明治39年4月

下り	上り
官設鉄道（東海道線）	
新橋1800発神戸行き	神戸1815発新橋行き
山陽鉄道（山陽線）	
岡山715発下関行き	下関005発大阪行き
大阪850発下関行き	下関1545発大阪行き
神戸1845発下関行き	下関2150発大阪行き
馬場（現・膳所）2110発下関行き	
日本鉄道（東北線）	
上野1040発青森行き	青森645発上野行き
上野1925発青森行き	青森1905発上野行き

＊明治39年4月1日の『汽車汽船旅行案内』より作成。
12時間制を24時間制で表記

山陽鉄道の2等寝台車運行が始まったころ、官設鉄道は時間の長短にかかわらず一律4円とする料金改定を行った。実は前年に寝台車および食堂車に日本初となる電気扇風機を設置しており、そのサービスアップ分を見込んだものかも知れない。ただし、寝台車の増備は行わず、寝台車運転は相変わらず1往復だった。結局、官設鉄道では1907（明治40）年3月に始まる新橋〜下関間の直通列車に向けた増備まで輸入車両4両で推移している。

鉄道国有化で夜行列車も拡大

日本の鉄道は、官設鉄道として東海道線、北陸線、信越線、奥羽線が建設されるとともに、日本鉄道や山陽鉄道などの民間による私設鉄道も誕生して北海道から九州まで路線網を広げていった。

元々、明治政府は鉄道の国営方針を持っていたが、資金面の問題で私設鉄道を認めざるを得ず、日本の鉄道網は官民双方によってつくられていったのだ。

ここでは私設鉄道を育成させるためにさまざまな特権すらも盛り込まれ、事業が好調に進んでいる時は国内各地で鉄道会社が設立、線路の建設も進んだ。

一方、経営が厳しくなると自ら国有化を望む声が出てくる。さらに資金の欠乏にあえぐ私設鉄道を見て、財界も買収の好機と政府にたたみ掛けた。ただし、これは「一時的な利益追求にほかならない」と渋沢栄一らが批判して立ち消えとなった。また、私設鉄道を育ててきた立場にあった三井・三菱などからも国有化反対論が出ている。

しかし、１８９４（明治27）年の日清戦争、１９０４（明治37）年の日露戦争を経て、軍部は軍事輸送における鉄道の果たす効用を実感した。

日清・日露戦争とも軍部は全国的な大動員を行い、朝鮮半島や大陸各地に兵力を送り込んでいる。それは瀬戸内海をはじめとする港から航送されたが、そこまでの移送は鉄道が使われたのだ。官設鉄道東海道線をはじめ、山陽鉄道神戸〜広島間、日本鉄道上野〜青森間など主要幹線を基軸として、接続する官設・私設鉄道は総動員された。

さらに軍部は、中央線東京側の前身となる甲武鉄道に青山練兵場（現在の明治神宮外苑一帯にあった陸軍施設）への軍用線、また山陽鉄道には広島の宇品《うじな》港に連絡する軍用線などの建設を要請し、官設鉄道にも品川界隈や横浜界隈では潤滑な輸送をはかるために線路改良の指示を出している。

こうした経験の中から軍部は運行体制の整備と統一を主張するに至る。すなわち国有化による鉄道の統一運営である。この意見が国政を動かしていく。

時の首相を務めていた西園寺公望《さいおんじきんもち》は、鉄道の国有化によって「運輸の疎通」をはかり「設備の整斉」も行えば「運賃の低減」につながると力説、１９０６（明治39）年３月27日、日本鉄道など幹線系の私鉄を買収する「鉄道国有法」が誕生したのである。

「鉄道国有法」は同年３月31日に公布され、鉄道国有化事業が始まった。同年10月１日の甲武鉄道、北海道炭礦鉄道を皮切りに、１年間で17の私設鉄道を国有化したのである。

国有化の進捗で、各線に跨る直通列車が次々と設定されていった。

例えば、現在の山陽線となる山陽鉄道は同年12月に国有化、翌１９０７（明治40）年３月16日には新橋〜下関間の直通急行列車も誕生している。これは大阪〜下関間で運転されていた山陽鉄道の「最大急行」を新橋まで延長したものだった。新橋〜下関間の所要時間は29時間、乗り継ぎ時代は33時間以上かかっており、大幅な短縮となったのである。

しかし、国鉄の管理部門が国有化によって直面した課題は多大だった。引き継いだ線路の距離は未開業区間を含めて3004マイル（約4834・5キロ）、車両は機関車から客車、貨車を含めて2万5069両におよんだ。当初は各線とも所属車両の配置替えは行わず、国有化前と大差なく運転されたが、管理上の整理を進めていく。

線名については1909（明治42）年10月12日に「国有鉄道線路名称」を制定、全国の幹線を系統ごとに整理していった。例えば「東海道線」は「東海道本線（新橋～神戸間等）」「横須賀線（大船～横須賀間）」「武豊線（大府～武豊間）」などの区間が含まれている。これを北海道から九州までの全国鉄道線に対して定めたのだ。

こうした整理を進めながら国鉄では全国的な運行体制を整えていった。そして1912（明治45）年5月11日に東京以北、翌月の15日に東京以西で大規模なダイヤ改正を実施、東京を中心に北海道から九州に至る鉄道ネットワークをより使いやすいものへと改革した。

当時、日本の鉄道の監督と国有鉄道の現業を担当していた内閣直属の鉄道院（のち鉄道省や運輸省などを経て現在の国土交通省の前身となる）はこのPRに努めた。すでに国有化実施後の1910（明治43）年にも『汽車時刻表』を発行していたが、この大規模なダイヤ改正の成果を盛り込んだ『列車時刻表』を鉄道院営業課の手で編纂・発行している。

この時刻表は本文32ページを表紙でくるんだもので、表表紙裏には目次、裏表紙には北海道から九州までの鉄道院所属線路図および朝鮮総督府鉄道局線路図、裏表紙裏には１９０９年に定められた鉄道院所属線路名称一覧を記し、実質35ページにもなる情報を盛り込んだ冊子となっている。

この『列車時刻表』で特徴的なのは、目次や駅名索引からページではなく表番号で検索するスタイルになっていることだ。これは著名なトーマスクックなど、鉄道先進国のヨーロッパの時刻表で採用されていた手法を模倣したものだが、複雑な情報を調べるにはページ索引よりも使いやすい方式だ。

残念ながら限られた誌面でもあり、東京付近、名古屋付近、京阪神付近、仙台付近、広島付近など大都市の情報は詳しく掲載されているが、地方路線は主要駅などに限られている。一方、東京以西および東京以北などの直通時刻表も掲載され、鉄道国有化によるネットワークの完成も読み取れる。

この直通時刻表や各ページの情報から当時の夜行列車を抜き出してみると、毎日相当数が運行されていたことがわかる。終着駅到着時刻が深夜０時台のものは昼行列車の延長として外したが、46本、23往復もの夜行列車が見つかった。『列車時刻表』では省略されている情報もあると思われるが、少なくとも当時これだけの夜行列車が運行されていたのだ。

運転本数が多いのは東海道・山陽本線で、ここだけで全体の半数近くの列車が運転されている。特に密度の高いのは新橋〜神戸間で、両駅間を結ぶ列車もある。両駅間を結ぶのは昼行列車もあるが、これは1往復。それに対して夜行列車は3往復もある。新橋駅で見ると19時、20時、21時と毎時00分に神戸行きの列車が出発していたのだ。寝台車や食堂車の連結が多いのもこの区間の列車だ。

列車編成の詳細情報は残っていないが、当時の東海道本線での機関車牽引定数は25両、ボギー客車は乗客の乗った積車時の換算で2・5両だったので最大10両牽《ひ》ける計算だ。また、1両あたり3等車なら80名程度、2等車なら50名程度乗れた。仮に1両50名として1列車あたり500名の輸送力となる。この列車が3往復なので、それだけで3000名の輸送力となる。すべての列車が毎日満席で運転されていたとは思えないが、この時代から毎晩数万もの人が移動する手段が整えられたことになる。

鉄道が開業した1872（明治5）年、日本の総人口は3480万人だった。それが明治最晩年となる1912（明治45）年には5000万人を超えている。この急成長には近代工業の推進などによる経済発展があり、それを支えるべく人々は夜行列車で移動を繰り返していたのだろうか。

『列車時刻表』から作成した夜行列車一覧（60ページ参照）で下関発着列車が多いのは、本州の最西端となる駅だったことによる。当時、ここから関門航路で九州に渡り、さらには朝鮮半島など外地に渡る玄関口となっていたのだ。九州の門司（現・門司港）～鹿児島間の鹿児島本線が全通したのは1909（明治42）年のことで、この時から直通夜行列車も運転されるようになった。ちなみに当時の鹿児島本線は、八代から現在の肥薩線ルートで人吉、吉松、隼人へと進み、さらに日豊本線ルートで鹿児島へと結んでいた。

また、同様に青森発着列車も多い。これは青函航路による北海道への玄関口だった。

現在、東京〜塩尻〜名古屋間を結ぶ中央本線は1911（明治44）年に飯田町（飯田橋駅のそばにあった長距離列車始発駅）〜名古屋間で全通した。これにより東京と名古屋を結ぶ新ルートが誕生したわけで、『列車時刻表』では飯田町〜名古屋間の直通夜行列車も1往復記載されている。

また、関東と新潟県を結ぶ上越線はまだ通じておらず、東京と新潟を結ぶのは高崎、軽井沢、長野、直江津、長岡と進む信越線ルートしかなかった。ここでは昼行1往復とともに夜行2往復が設定されている。

鉄道黎明期に長浜〜敦賀間で始まった北陸線は、1910（明治43）年にようやく富山県の泊《とまり》駅まで延伸した。北陸地方の福井、金沢、富山に鉄道で向かうには米原経由しかなく、ここでも新橋〜泊間と今では考えもおよばぬ区間で直通夜行列車が設定されていた。

なお、次ページで紹介する「東京以西主要直通列車」および「東京以北主要直通列車」は『列車時刻表』の「直通時刻表」（第43表・第44表）をもとに主要駅に絞って作成した。

一方、元の表に掲載されていなかった直通列車についても重要なものを数列車加筆している。ともあれ、長距離を結ぶ直通列車では夜行列車が台頭していたことがよくわかる。

東京以北主要直通列車　1912/明治45年6月

下り											
列車番号		223	101	815	201	227	203	103	701	105	801
列車種別					急行						急行
	上野（発）	540	620	810	930	1030	1800	1845	2100	2200	2230
常磐線	水戸（発）	‖	‖	1155	‖	‖	‖	‖	‖	‖	132
	平（発）	‖	‖	1452	‖	‖	‖	‖	‖	‖	402
	大宮（発）	637	710	‖	1014	1124	1846	1942	2147	2253	‖
信越線	高崎（発）	‖	856	‖	‖	‖	‖	2210	‖	100	‖
	長野（着）	‖	1411	‖	‖	‖	‖	318	‖	605	‖
	直江津（着）	‖	1710	‖	‖	‖	‖	615	‖	905	‖
	新潟（着）	‖	2224	‖	‖	‖	‖	1200	‖	1443	‖
東北本線	宇都宮（発）	857	…	‖	1211	1328	2053	…	2345	…	‖
	郡山（発）	1303	…	‖	1531	1740	036	…	315	…	‖
	福島（発）	1432	…	‖	1655	1910	205	…	440	…	‖
奥羽本線	山形（発）	‖	…	‖	‖	‖	‖	…	829	…	‖
	秋田（発）	‖	…	‖	‖	‖	‖	…	1428	…	‖
	青森（着）	‖	…	‖	‖	‖	‖	…	1945	…	‖
東北本線	仙台（発）	1720	…	2045着	1920	2200着	445	…	…	…	735
	一ノ関（発）	2035着	…	…	2138	…	723	…	…	…	954
	盛岡（発）	…	…	…	007	…	1008	…	…	…	1225
	青森（着）	…	…	…	550	…	1640	…	…	…	1830

上り											
列車番号		204	104	106	202	702	246	824	802	218	102
列車種別					急行				急行		
東北本線	青森（発）	630	…	…	1600	…	…	…	100	…	…
	盛岡（発）	1313	…	…	2153	…	…	…	639	…	…
	一ノ関（発）	1543	…	…	2359	…	…	…	846	535	…
	仙台（発）	1820	…	…	212	…	635	600	1100	910	…
奥羽本線	青森（発）	‖	…	…	‖	1730	‖	‖	‖	‖	…
	秋田（発）	‖	…	…	‖	2247	‖	‖	‖	‖	…
	山形（発）	‖	…	…	‖	440	‖	‖	‖	‖	…
東北本線	福島（発）	2124	…	…	435	828	920	‖	‖	1150	…
	郡山（発）	2307	…	…	610	1005	1107	‖	‖	1330	…
	宇都宮（発）	255	…	…	927	1330	1521	‖	‖	1742	…
信越線	新潟（発）	‖	1410	1800	‖	‖	‖	‖	‖	‖	550
	直江津（発）	‖	2007	000	‖	‖	‖	‖	‖	‖	1110
	長野（発）	‖	2320	320	‖	‖	‖	‖	‖	‖	1420
	高崎（発）	‖	436	853	‖	‖	‖	‖	‖	‖	1941
	大宮（発）	506	621	1052	1120	1522	1719	‖	‖	1957	2140
常磐線	平（発）	‖	‖	‖	‖	‖	‖	1140	1430	‖	‖
	水戸（発）	‖	‖	‖	‖	‖	‖	1525	1657	‖	‖
	上野（着）	600	710	1145	1205	1610	1810	1915	2005	2050	2230

＊明治45年6月の鉄道院発行『列車時刻表』第44表を基本に作成。12時間制を24時間制で表記。
平＝現・いわき

東京以西主要直通列車　1912/明治45年６月

下り

	列車番号	17	1	41	47	13	537	5	3	7	9	43	15
	列車種別		特別急行				急行	急行	急行	急行	急行		
東海道本線	新橋（発）	620	830	…	…	1040	1225	1550	1900	2000	2100	…	2300
	平沼（発）	717	908	…	…	1141	1312	1637	1940	2047	2148	…	000
	静岡（発）	1250	1239	…	…	1747	1735	2103	2335	102	207	…	456
	名古屋（発）	1804	1614	…	…	2317	2010	125	334	518	628	…	1000
	岐阜（発）	1901	レ	…	…	014	2331着	214	414	603	710	…	1053
	米原（発）	2044	1800	…	…	150	105	339	533	723	830	…	1228
北陸本線	福井（着）	‖	‖	‖	‖	‖	525	‖	‖	‖	‖	‖	‖
	金沢（着）	‖	‖	‖	‖	‖	801	‖	‖	‖	‖	‖	‖
	富山（着）	‖	‖	‖	‖	‖	1003	‖	‖	‖	‖	‖	‖
	泊（着）	‖	‖	‖	‖	‖	1134	‖	‖	‖	‖	‖	‖
東海道・山陽本線	京都（発）	2302	1938	2050	2120	409	…	535	718	913	1020	1033	1447
	大阪（発）	2359	2033	2157	2238	518	…	638	816	1014	1120	1141	1556
	神戸（発）	048着	2122	2257	2345	617	…	732	900着	1100着	1205着	1246	1658
	岡山（発）	…	034	241	515	1205着	…	1050	…	…	…	1726	2104
	広島（発）	…	440	748	1126	…	…	1507	…	…	…	2254	215
	三田尻（発）	…	740	1155	1636	…	…	1817	…	…	…	318	606
	下関（着）	…	938	1420	1945	…	…	2024	…	…	…	556	840

上り

	列車番号	14	16	44	4	8	10	6	538	48	42	2	18
	列車種別				急行	急行	急行	急行	急行			特別急行	
山陽・東海道本線	下関（発）	…	2005	2340	…	…	…	950	…	1015	1445	1910	…
	三田尻（発）	…	2254	217	…	…	…	1158	…	1322	1721	2116	…
	広島（発）	…	248	641	…	…	…	1506	…	1810	2145	019	…
	岡山（発）	550	807	1216	…	…	…	1923	…	033	248	430	…
	神戸（発）	1044	1225	1631	1830	1930	2100	2234	…	524	640	740	500
	大阪（発）	1144	1334	1726	1922	2024	2156	2332	…	629	737	823	555
	京都（発）	1258	1456	1822着	2020	2123	2256	034	…	742着	830着	924	655
北陸本線	泊（発）	‖	‖	…	‖	‖	‖	‖	1730	…	…	‖	‖
	富山（発）	‖	‖	…	‖	‖	‖	‖	1907	…	…	‖	‖
	金沢（発）	‖	‖	…	‖	‖	‖	‖	2115	…	…	‖	‖
	福井（発）	‖	‖	…	‖	‖	‖	‖	2354	…	…	‖	‖
東海道本線	米原（発）	1532	1731	…	2210	2317	052	228	440	…	…	1105	920
	岐阜（発）	1710	1907	…	2324	033	208	343	620	…	…	レ	1051
	名古屋（発）	1820	2012	…	010	123	256	435	730	…	…	1247	1153
	静岡（発）	2346	123	…	421	534	706	849	1149	…	…	1620	1732
	平沼（発）	439	624	…	823	946	1121	1303	1601	…	…	1950	2238
	新橋（着）	535	720	…	900	1030	1205	1350	1645	…	…	2025	2330

＊明治45年６月の鉄道院発行『列車時刻表』第43表を基本に作成。12時間制を24時間制で表記。
平沼＝横浜への接続駅、三田尻＝現・防府

夜行列車一覧　1912/明治45年6月

	列車番号	列車種別	編成	始発駅名	発時刻	終着駅名	日付	着時刻
東海道・山陽本線	1	特別急行	寝・食	新橋	830	下関	翌日	938
	13			新橋	1040	岡山	翌日	1205
	537	急行		新橋	1225	泊	翌日	1134
	5	急行	寝・食	新橋	1550	下関	翌日	2024
	3	急行	寝・食	新橋	1900	神戸	翌日	900
	7	急行	食	新橋	2000	神戸	翌日	1100
	9	急行	食	新橋	2100	神戸	翌日	1205
	15		寝・食	新橋	2300	下関	翌々日	840
	14			岡山	550	新橋	翌日	535
	16		寝・食	下関	2005	新橋	翌々日	720
	4	急行	寝・食	神戸	1830	新橋	翌日	900
	8	急行	食	神戸	1930	新橋	翌日	1030
	10	急行	食	神戸	2100	新橋	翌日	1205
	6	急行	寝・食	下関	950	新橋	翌日	1350
	538	急行		泊	1730	新橋	翌日	1645
	2	特別急行	寝・食	下関	1910	新橋	翌日	2025
	43		寝・食	京都	1033	下関	翌日	556
	41		寝・食	京都	2050	下関	翌日	1420
	47			京都	2120	下関	翌日	1945
	48			下関	1015	京都	翌日	742
	42		寝・食	下関	1445	京都	翌日	830
	44		寝・食	下関	2340	京都	翌日	1822
九州方面	227		寝・食	門司	2200	鹿児島	翌日	1115
	217		寝	門司	2200	長崎	翌日	607
	228		寝・食	鹿児島	1855	門司	翌日	752
	218		寝	長崎	2330	門司	翌日	752
中央本線	705			飯田町	2100	名古屋	翌日	1736
	706			名古屋	1110	飯田町	翌日	717
	711			名古屋	1625	長野	翌日	505
	710			長野	000	名古屋	当日	1224
信越線	103			上野	1845	新潟	翌日	1200
	105			上野	2200	新潟	翌日	1443
	104			新潟	1410	上野	翌日	710
	106			新潟	1800	上野	翌日	1145
東北・奥羽本線	201	急行	寝・食	上野	930	青森	翌日	550
	203			上野	1800	青森	翌日	1640
	701		寝	上野	2100	青森	翌日	1945
	801	急行	寝・食	上野	2230	青森	翌日	1830
	204		寝	青森	630	上野	翌日	600
	202	急行	寝・食	青森	1600	上野	翌日	1205
	702		寝	青森	1730	上野	翌日	1610
	802	急行	寝・食	青森	100	上野	当日	2005
北海道方面	27			函館	2010	落合	翌日	2302
	3	急行		函館	1350	釧路	翌日	1515
	18			落合	610	函館	翌日	604
	4	急行		釧路	820	函館	翌日	800

＊明治45年6月の鉄道院発行『列車時刻表』より作成。12時間制を24時間制で表記。編成の寝＝寝台車、食＝食堂車連結（以下同じ）

第2章　成長～一時衰退期

——戦前の黄金時代、大戦での退潮

日本初の「特別急行列車」誕生

1912（明治45）年6月15日、東京以西で大規模なダイヤ改正が実施されたが、この時に大きな話題となったのは新橋〜下関間を直通する1往復の特別急行列車だった。日本で初めての「特別急行」すなわち「特急」の誕生である。

このダイヤ改正に向けて鉄道院から発行された『列車時刻表』には「本日十五日より（中略）従来新橋〜神戸間に運転せる昼間の一、二等急行列車を下関まで延長し之《これ》を新橋下関間特別急行列車と称し客車の組立其他左の通《とおり》改善相加え候」とある。

ここに記された「昼間の一、二等急行列車」とは1906（明治39）年以来、新橋〜神戸間で運転されてきた「最急行」のことだ。当時、新橋〜神戸間で運転されていた3往復の急行のうちもっとも速い列車で、この名があった。ちなみに上下列車ともに朝に出発、日が暮れたところで終着となっていた。新設「特別急行」は、このダイヤを踏襲しつつ延長するかたちでの設定となり、時刻は下りが新橋8時30分発→神戸21時22分発→下関翌日9時38分着、上りは下関19時10分発→神戸翌日7時40分発→新橋20時25分着と山陽本線区間が夜行運転となっている。

所要時間は下り25時間8分、上り25時間15分。1日以上かかっているが、1906年の山陽鉄道国有化で運転が始まった新橋〜下関間の直通列車は上下列車とも28時間55分とな

日本初の特別急行列車　1912/明治45年6月

下り

列車番号		1
列車種別		特別急行
東海道本線	新橋（発）	830
	品川	レ
	平沼（発）	908
	国府津（着）	959
	（発）	1002
	御殿場	レ
	沼津（着）	1134
	（発）	1139
	静岡（着）	1236
	（発）	1239
	浜松（発）	1410
	豊橋（発）	1453
	名古屋（着）	1608
	（発）	1614
	岐阜	レ
	大垣（着）	1704
	（発）	1707
	米原（着）	1754
	（発）	1800
	馬場（着）	1900
	（発）	1905
	京都（着）	1932
	（発）	1938
	大阪（着）	2025
	（発）	2033
	三ノ宮（発）	2111
	神戸（着）	2115
山陽本線	（発）	2122
	兵庫（発）	2128
	姫路（着）	2225
	（発）	2230
	岡山（着）	026
	（発）	034
	尾道	レ
	糸崎（発）	222
	三原（発）	228
	瀬野	レ
	広島（着）	431
	（発）	440
	宮島（着）	508
	（発）	510
	柳井津（着）	610
	（発）	615
	三田尻（着）	733
	（発）	740
	小郡（着）	801
	下関（着）	938

上り

列車番号		2
列車種別		特別急行
山陽本線	下関（発）	1910
	小郡（発）	2048
	三田尻（発）	2116
	柳井津（発）	2233
	宮島（発）	2341
	広島（着）	009
	（発）	019
	瀬野（発）	047
	三原	レ
	糸崎（着）	224
	（発）	232
	尾道	レ
	岡山（着）	420
	（発）	430
	姫路（着）	621
	（発）	628
	兵庫（発）	726
	神戸（着）	731
東海道本線	（発）	740
	三ノ宮（発）	747
	大阪（着）	822
	（発）	828
	京都（着）	917
	（発）	924
	馬場（着）	953
	（発）	958
	米原（着）	1059
	（発）	1105
	大垣（着）	1149
	（発）	1152
	岐阜	レ
	名古屋（着）	1241
	（発）	1247
	豊橋（着）	1402
	（発）	1405
	浜松（着）	1444
	（発）	1450
	静岡（着）	1616
	（発）	1620
	沼津（着）	1714
	（発）	1720
	御殿場	レ
	国府津（発）	1857
	平沼（着）	1947
	（発）	1950
	品川	レ
	新橋（着）	2025

＊明治45年6月の鉄道院発行『列車時刻表』より作成。
12時間制を24時間制で表記。平沼＝横浜への接続駅、馬場＝現・膳所、宮島＝現・宮島口、柳井津＝現・柳津、三田尻＝現・防府、小郡＝現・新山口

っていたので格段の進歩だ。ちなみに新橋〜下関間の営業距離は７０４・５マイル（約１１３３・８キロ）、表定速度は時速45・３キロとなる。

この「特別急行」運転に向けて、国鉄では欧米各国から蒸気機関車を大量に購入している。すでに国産蒸気機関車の開発も始まっていたが、信頼性の高い欧米機関車に期待を寄

せて発注したのだ。

それまで旅客列車牽引機は、動輪２軸のＢ型機が中心だったが、ここではより力のある動輪３軸のＣ型機とされ、イギリスから８７００形、ドイツから８８００形、８８５０形、アメリカからは８９００形が導入された。機関車の大型化で速度向上や輸送力増強を狙ったが、さらに個々の機関車の運行距離も伸び、機関車交換の回数も減った。これにより途中駅の停車時間を短縮でき、全体としての所要時間短縮に貢献するのだ。

これらの機関車はダイヤ改正前年の１９１１（明治44）年に完成、東海道・山陽本線、そして東北本線などに配属された。時期による配置転換もあるが、当初は東海道東部に８８５０形、京阪神に８８００形、京阪神から山陽にかけて８９００形が集中配置され、特別急行や急行などの旅客列車牽引に活躍することになった。

また、東海道本線の国府津～御殿場～沼津間などには25パーミルの急勾配が連続していた。こうした急勾配区間では、補助機関車を連結して乗り越えていた。

すでに強力な蒸気機関車が配属されていたが、新たに走行装置を２組備えたマレー式と呼ばれる特殊な機関車を導入することになった。動輪数を増やすことで牽引力を上げる構造で、それまで使用されていた補助機関車２両分の力を発揮した。これも１９１１年から１９１２年にかけて欧米から４形式が輸入され、国府津～御殿場～沼津間などで使用されている。ちなみにこの時に御殿場界隈で活躍した機関車のうち１両が「鉄道博物館」で保存されている9856号機（9850形）だ。

こうした新鋭機の導入によって「特別急行」は大幅な所要時間短縮を成し遂げたのだ。

また、先述の『列車時刻表』には客車も「改善」とあるが、これも「特別急行」に向けて新規に準備されたものだ。当時の東海道・山陽本線などでは17メートル級の木造客車が活躍していたが、新製車両は木造ではあったもののすべて20メートル級の大型車で、屋根は明り取りの小窓が並んだダブルルーフとなっていた。これが昭和初期まで国鉄客車の基本スタイルとなる。さらに車体を支える台車は、乗り心地の優れた当時最新の3軸構造とされた。

東京〜下関間特別急行列車の展望車（鉄道院『遊覧地案内』大正元年より　国立国会図書館蔵）

編成は、先頭側から郵便手荷物車、2等寝台車、2等座席車×2両、食堂車、1等寝台車、展望車という7両編成。東海道・山陽本線では10両ぐらいの編成も運転されたが、「特別急行」では列車を軽量化することでスピードアップにもつなげたようだ。

寝台車や食堂車はすでに導入されていたが、車体が大型化されたことでレイアウトもゆとりが感じられる。1等寝台車は区分室（コンパートメント）と開放型、2等寝台車は開放型の寝台が用意され、ともに両方の車端部に洗面所やトイレが設けられている。この時代、1等や2等といった優等座席ではソファーをロングシート状に配置するのが基本で、開放型寝台も日中はこれに準じている。

「特別急行」に連結された2等寝台車の場合、車体中央部には4人が向かい合わせとなるボックスシートも4組あった。座席として使用する時は16名で利用できるが、寝台時は下段が「二人床《どこ》」と呼ばれるいわゆるダブルベッド、上段が「一人床」で合計12名となった。ただし、これは当時の日本人の習慣に馴染まなかったようで、1918（大正7）年には「大型」「並型」と改称、元「二人床」の「大型」では大人2人の使用が禁止された。

展望車は国鉄初の本格採用だった。展望車は、のちに「或る列車」として知られる九州鉄道が輸入したアメリカ製客車にも含まれていたが、日本への到着時は国有化後。本格的な活用のないまま、廃車解体されてしまった。「特別急行」の展望車はこの九州鉄道発注車を参考にしてつくられたとも言われている。

営業運転前に試乗した『鉄道時報』の記者によれば「窓硝子の大きくして、展望に便なる扉を排して欄干に立てば、満目の光景宛としてパノラマを見る心地」と表現されている。車内に進めば、網代《あじろ》天井に格《ごう》天井、すだれ模様のカーテンや吊り灯籠などで和風のしつらえで「外人の賞讃を博した」ともある。

ちなみにこの展望車は常に列車の最後尾に来るように連結されるが、実は終着駅到着後に列車の向きを編成ごと転向していたのだ。これは三角形になった区間を行ったり来たりすることで向きを変えていたが、新橋側では品川駅界隈の線路を使っていたという。「特別急行」では列車の折り返しにも多大な手間をかけていたのである。

この「特別急行」は、下りが第１列車、上りが第２列車と命名され、運転を開始した。機関車から客車まで新調、さらに語学に堪能な乗務員を養成、日本初の座席指定制を採り入れるなど新機軸も盛りだくさんで、まさに日本の国鉄の看板列車となったのである。

日本の国鉄では、明治末期から海外の鉄道との連絡運輸も始めていた。この第１・２列車は新橋〜下関間の運転だったが、下関駅に隣接した港から航路で大陸に渡り、そこから鉄路をたどりヨーロッパまで連絡するルートの一部を担うものでもあった。いわば〝国際列車〟だったのである。先述の『列車時刻表』には海外への連絡時刻表も掲載されており、釜山や大連はもちろんのこと伯林《ベルリン》・巴里《パリ》・倫敦《ロンドン》の文字もある。

なお、この特別急行第１・２列車新設に先駆け、１９１２年３月には国際親善と外国人観光客誘致などを目的とした「ジャパン・ツーリスト・ビューロー」（のちのＪＴＢ）も設立されている。当初、本部は鉄道院に置かれ、外人用時刻表や案内書なども発行・配布した。特別急行の運行はこうした支えの中に始まったのだ。

「特別急行第1列車」の旅路

日本で初めての「特別急行」として運転を開始した第1列車の旅路を、『列車時刻表』や当時の資料から再現してみよう。

東京側の旅立ちは新橋駅だった。この時、東京駅は1914（大正3）年の開業をめざし仕上げ工事の真っ最中。東京から西に向かう長距離列車はすべて新橋駅発着となっていた。ちなみに現在の新橋駅とは場所が異なり、現在の汐留シオサイトの位置にあった。1872（明治5）年の鉄道開業で設置された駅を拡張しながら使用していたのである。

この新橋駅は行き止まり式の構造で、石造りの駅舎内にある改札側からホームを望めば列車が見通せた。手前の最後尾には展望車が連結され、デッキには旅立ちの時を待つ外国人観光客の姿もあったことだろう。列車の先頭に立つのは、ドイツから輸入された8850形蒸気機関車だった。直径1600ミリのスポーク大動輪は最高時速90キロという高速運転に向けた必須の仕様だ。同時期に輸入された4形式のC型機では最も優れた機関車だったとも言われている。

8時30分、甲高い単音の汽笛を鳴らして新橋駅を定刻に出発する。

徐々に速度を上げて、近年の発掘で有名になった高輪築堤を走っていく。この時代、海側の埋め立ては芝浦付近で始まったばかり。車窓には鉄道黎明期の錦絵に残された東京湾が広がった。

新橋駅を出て最初に停車するのは平沼駅だった。現在は廃止されてしまったが、今の相模鉄道平沼橋駅のそばにあった。この時代、横浜駅は現在の桜木町駅の位置にあり、東海道本線を西進する場合は、Y字形に折り返すかたちだったのである。直通列車には不便とされ、明治末期に短絡線をつくり、短絡線上に平沼駅を設置した。特別急行をはじめ、多くの直通列車は横浜駅を経由せずに西進していったのである。

平沼駅の次は国府津駅に停車。ここで展望車の後ろにマレー式の補助機関車を連結する。

この時代の東海道本線は今の御殿場線ルートで運行されており、御殿場駅に向かって25パーミルの急勾配があった。新鋭8850形をもってしてもこの行路は厳しく、上り坂となる国府津～御殿場間では補助機関車が列車を後押ししたのである。

わずか3分という短い停車で第1列車は動き出す。列車無線などなかった時代。ここでは汽笛の吹鳴で運転のタイミングを伝達していた。列車の前後で奏でる汽笛と排気音。展望車のデッキからはその力強い活躍を目の当たりにできたことだろう。

この補助機関車は、坂を上り切った御殿場駅で切り離された。昭和期の「燕」などでは御殿場駅に停車せず、徐行しながら切り離すという離れ業が行われたこともある。これは所要時間短縮を狙う離れ業だったで、万が一、解放できなかった時はそのまま沼津駅まで走り、そこで切り離されたそうだ。

御殿場駅あたりから、車窓右手には富士山が間近に見える。この先、富士川を渡るまで車窓の右手に霊峰の姿が続く。海外からの乗客たちを大いに喜ばせたと思われる。

富士川の先では駿河湾、浜名湖などを愛でつつ、名古屋駅には16時08分着。ここでは6分間停車する。

特別急行はさらに歩を進め、初夏のころであればまだ明るいうちに琵琶湖南岸の馬場駅に到着する。現在の膳所駅である。現在はこの先、新逢坂山トンネル、東山トンネルなどを抜けてすぐ京都駅となるが、この時代は逢坂山トンネルを経由する南に大きく迂回するルートだった。この間も勾配がきつく、やはり補助機関車が連結された。こうして京都駅には19時32分着。すでに日は落ち、車窓は夜行列車のそれとなる。

この時代、寝台の使用区間が定められ、旅行案内などに駅名で明示されていた。第1列車は高槻~小郡（現・新山口）間、上りの第2列車では厚狭~住吉間となっている。第1列車の場合、高槻駅は通過するので、これは19時38分に京都駅を出発したところで寝台のセットが始まったと思われる。

列車には専属の給仕が乗務しており、座席を下段寝台に整え、そして壁に収納されていた上段寝台を下ろす。仕切りとなるカーテンを掛け、用具室から梯子《はしご》を出して上段に架ければ寝台の出来上がりだ。

まだ宵の口ということで食堂車に出向く乗客もあっただろう。第1・2列車の食堂車では洋食を提供しており、街の灯を眺めつつ食事を楽しむこともできた。

関西エリアでは、大阪、三ノ宮、神戸、兵庫と小まめに停車し、兵庫駅出発は21時28分。このあたりでほとんどの乗客は寝台での就寝となったことだろう。なお、第1・2列車には座席車も連結されており、ここでは座ったままの仮眠となった。

東海道・山陽本線の直通急行に連結された食堂車（『東京風景』より　国立国会図書館蔵）

深夜の山陽本線を駆け抜け、広島駅には明け方の4時31分着。ここでは9分間停車して出発する。日とすぐに宮島（現・宮島口）駅にも停車する。日本三景となる宮島の最寄り駅で、その姿は車内からも望める。この駅にわざわざ停車するのも〝国際列車〟を利用する観光客への配慮だったに違いない。これは深夜に通過する上り列車でも律義に停車している。

こうして終着の下関駅には9時38分着。新橋駅から一昼夜にわたる旅が終わった。ちなみに火・木・土曜日は、10時40分には下関駅前に隣接した下関港から釜山行きの船が出航する。これに乗船すれば当日の20時10分には釜山港へと到着したのである。

需要増大で夜行列車が倍増

日本初の「特別急行」運転開始の翌月には明治天皇の崩御を受けて時代は大正へと変わる。社会情勢としては1905（明治38）年の日露戦争終戦後に始まった経済恐慌が続き、景気は必ずしも好調とは言えなかった。しかし、日露戦争の終戦によって欧亜鉄道連絡輸送も始まったのである。

また、1914（大正3）年には第一次世界大戦が始まる。日本も参戦し、これをきっかけに重工業や軽工業も大きく発展していった。同年12月には東京駅が開業して、特別急行列車の始発駅は新橋駅から東京駅へと移っている。

第一次世界大戦は1918（大正7）年に終戦となるが、こうした背景もあり日本の景気は好転、国内の移動も活発になった。

「特別急行」運転開始時の1912（明治45・大正元）年度の国鉄旅客輸送人員は1億6000万人だったが、1919（大正8）年度には3億5700万人へ、旅客の人マイルは36億2600万人マイルから79億4200万人マイルへと倍増以上の伸びを示している。輸送人員と人マイルの伸びがほぼ同じなので、長距離移動が増えたとは言えないが、やはり相応の需要が増えたようだ。

また、等級別の統計では国鉄旅客輸送人員の96・5パーセントが大正中期で３等となっていた。そのため、国鉄では１等車の連結を制限する方針を打ち出し、１９１９年には１等車を全国主要幹線の急行列車および直行列車の一部に限定、１等車を外した分は３等車を増結して輸送の実情に合わせる調整も行っている。

こうした方針に基づき、１９２３（大正12）年７月には、１・２等車だけで運転されていた特別急行１・２列車に対し、３等車だけで組成した３・４列車も特別急行として運転を開始した。編成は郵便手荷物車、手荷物車×２、３等車×３、食堂車、３等車×３両の10両編成で、展望車は連結されていない。下りの３列車は１列車の45分前、上りの４列車は２列車の20分後に続行するかたちで、合わせて１本の列車という考えだったのかも知れない。

なお、１・２列車も輸送需要の増加に向けて１９２１（大正10）年８月から手荷物車、２等寝台車×３両、２等車×２、食堂車、１等寝台車×２、展望車の計10両と編成を増やしている。この時、新逢坂山トンネルや東山トンネル完成により馬場〜京都間が現行ルートに変わった。東側はまだ御殿場経由のルートだったが、国産の新鋭蒸気機関車１８９００形（のちC51形）もこの時から導入され、所要時間は24時間８分と大幅に短縮されている。わずか10年足らずの間に日本を代表する看板列車として大きく進化したのだ。

この特別急行３・４列車の新設に象徴されるように１９２１年８月のダイヤ改正では、

長距離移動を支える直通列車を増発し、さらに東海道・山陽本線などに限られていた急行の設定も広がった。直行列車の場合、一般的に走行距離は長くなり、所要時間もかかる。そのため、主要駅に停車、それ以外の駅は通過して所要時間を短縮する急行の利便性も活用されることになったのだ。

一方、鉄道国有化後の延伸整備も続き、直行列車の運転区間は伸び、比例して所要時間も増えた。手元にある１９２５（大正14）年４月の鉄道省編纂『汽車時間表』で調べてみると、24時間以上走り続ける列車は18本におよび、東京発下関行きの第21列車では36時間35分もかけて運転されている。この列車の対《つい》になる上りの第22列車は34時間42分で、これらは当時の日本で最も長い時間をかけて運行される列車となっていた（第２章末の「夜行列車一覧　１９２５／大正14年４月」参照）。

つまり、多くの直行列車は昼夜兼行で走り続けていたのだ。比較的距離の短い名古屋〜長野間、門司（現・門司港）〜長崎間でも８時間以上かかり、ここでは日中の列車もあったが、長距離の移動では夜行が便利とされ、午前１時を跨いで運行されていた列車は日本中で１００本を超えている。１９１２（明治45）年６月から比べてほぼ倍増している。

また、夜行として運行されれば、より快適な移動を求め、寝台車の需要も増えていった。ちなみに急行の大半には寝台車が連結され、各駅に停車していく列車でも寝台車の活用が広まっている。なお、昼夜兼行で運転されることもあり、食堂車連結列車も増えていった。

東京〜下関間の料金　1925/大正14年4月現在　(単位:円)

列車	乗車車両	運賃	通行税	急行料金	寝台料金	合計
特別急行(1・2列車)	1等寝台 並型 上段	29.19	0.50	7.50	5.00	42.19
	1等寝台 並型 下段	29.19	0.50	7.50	7.00	44.19
	2等寝台 並型 上段	19.46	0.25	5.00	3.00	27.71
	2等寝台 並型 下段	19.46	0.25	5.00	4.50	29.21
	2等寝台 大型 下段	19.46	0.25	5.00	6.50	31.21
	1等座席	29.19	0.50	7.50	—	37.19
	2等座席	19.46	0.25	5.00	—	24.71
特別急行(3・4列車)	3等座席	9.73	0.04	2.50	—	12.27
急行	1等寝台 並型 上段	29.19	0.50	3.75	5.00	38.44
	1等寝台 並型 下段	29.19	0.50	3.75	7.00	40.44
	2等寝台 並型 上段	19.46	0.25	2.50	3.00	25.21
	2等寝台 並型 下段	19.46	0.25	2.50	4.50	26.71
	2等寝台 大型 下段	19.46	0.25	2.50	6.50	28.71
	1等座席	29.19	0.50	3.75	—	33.44
	2等座席	19.46	0.25	2.50	—	22.21
	3等座席	9.73	0.04	1.25	—	11.02
普通	2等寝台 並型 上段	19.46	0.25	—	3.00	22.71
	2等寝台 並型 下段	19.46	0.25	—	4.50	24.21
	2等寝台 大型 下段	19.46	0.25	—	6.50	26.21
	3等座席	9.73	0.04	—	—	9.77

＊鉄道省運輸局編纂『汽車時間表』大正14年4月号より作成

なお、「寝台」あるいは特別急行を含む「急行」を利用する際は、乗車券（運賃）とは別にそれぞれの料金も支払うことになる。

寝台の場合、最初に導入した山陽鉄道で料金設定が始まり、続いて導入した官設鉄道や日本鉄道でもこれに準じた料金を徴収していた。私設鉄道の国有化で一元管理することになったため、1907（明治40）年10月に「寝台車取扱細則」として定められ、11月1日から新しい寝台料金が適用開始となった。当初は各社独自に開発した寝台車を活用したこともあり、それぞれで価格を設定した。その後、「特別急行」運転に向けて新しい寝台車が開発され、料金設定は多様化していく。大正期に入ると寝台車連結列車が増えていくが、収支実態の見直しもあったのだろうか、値上げが繰り返された。

こうした動きは急行料金にも言えることだった。登場当時の急行は単純な速達サービスだったが、1906（明治39）年4月には「急行列車券規定」が定められ、同年4月16日から官設鉄道の新橋〜神戸間で運転されていた急行のうち「最急行」1往復に対して適用が始まった。その後、「特別急行」の設定で料金が改定となり、さらに大正期には急行列車の増加にともない改定が続いた。この間、普通急行では乗車距離にかかわらず定額制となったこともあるが、1920（大正9）年2月1日からは距離に合わせた設定となっている。

実際、こうした運賃や料金と併せて当時の価格はどれほどだったのであろうか。

1925（大正14）年4月時点で東京〜下関間の移動を例にとって計算してみると、もっともリーズナブルな30時間超えの普通列車3等座席なら9円77銭。それに対して特別急行1・2列車の1等寝台（並型）下段を使うと44円19銭となる。この時代の運賃や急行料金は等級別に設定されているので結構な価格差だ。また、日露戦争の戦費調達のために通行税が徴収されるようになり、この時代も徴収が続いていた。

貨幣価値が変わっているので、高いのか安いのかまったくイメージできないが、日本銀行が公表している同年の企業物価指数から計算すると前者はおよそ5500円、後者はおよそ2万5000円となる。2023年1月現在のJRでは東京〜下関間の運賃が1万3

420円なので、普通列車の3等座席利用ならかなり安かったことになる。現在、在来線でこの区間を結ぶ特急や急行はないので、東京〜新下関間を新幹線利用とすると運賃と合わせて2万2000円程度で、特別急行はこれに近いイメージだ。

なお、この2年前に運転が始まった3等専用の3・4列車では6900円程度。所要時間もおよそ24時間と普通列車に比べて10時間近く短く、庶民に大人気の列車となったに違いない。

大正時代は客車も大きく改善された

大正時代、一部で電車などの運転も始まっていたが、急行や直行などの長距離列車はすべて客車で運転されていた。こうした列車が走る幹線の多くは1906（明治39）年の「鉄道国有法」で国有化された私設鉄道で、客車もこれらの鉄道から引き継がれたものだった。これらの客車は総括的な規格はなく、各社が自由に製造・導入しており、極めて雑多な所帯となったのである。国有化後、車両を統合管理する「車両称号規程」を作成、それに従って車両形式や番号を振り直して分類・整理が進められた。

国有化完了時に国鉄所有となった客車は4938両あったが、そのうちの4026両が2軸車だった。輸送力も限られ、大型化が必須となる。1910（明治43）年には鉄道院基本形として基本規格を定め、それを量産することで体制を整えていくことになった。

この基本規格は、車体長1万6408ミリ、車体幅2591ミリ、高さ3700ミリで、自重は21～24トンの木造ボギー客車だった。いわゆる17メートル級中型客車で、その後の標準規格のひとつとなった。客室については、3等が中央通路のクロスシートとされたが、1・2等は当時の標準だったロングシートが踏襲された。実は車体幅の制約からゆとりのある、座席の横向きの配置は難しかったのである。

ただし、大正時代に入って建築限界と車両限界の見直しが行われ、1919（大正8）年以降、車体幅で約200ミリ、高さで約150ミリの増加が可能となり、東海道・山陽本線などに限られていた20メートル級大型客車の量産も始まった。

1920（大正9）年度の時点では客車総数7758両のうち、ボギー客車は3759両と増えているが、まだ2軸客車も3999両あった。その後、2軸客車の貨車化改造なども進められ、翌年にはボギー客車と2軸客車の比率が逆転、昭和初期には国鉄の客車はほぼボギー化されている。

客車では、構造的にもこの時代に大きな変革があった。「特別急行」向けの車両では、屋根裏に建築紙とフェルトを張って屋根からの輻射熱を防ぎ、床板を二重張りとしてその間に建築紙とコルクを充塡して騒音防止と防寒対策としている。屋根をダブルルーフとして上屋根と下屋根の間には明り取り窓や通風器を設置、採光や通風など室内環境の改善をはかった。やがてこうした構造の一部は一般の客車にも応用されていく。

また、列車の高速化や編成増などによって編成重量が増えたことで、安全対策も強化された。

ひとつは1921（大正10）年に始まった空気ブレーキの採用で、これによって列車全体に効率よくブレーキをかけられるようになった。この空気ブレーキ採用により各客車で圧縮空気が使えるようになり、天井部に置いていた洗面用水タンクを床下に移設することができた。これにより水タンクの容量も増やすことができ、長距離列車の運行にも役立ったのである。

また、客車の車体構造はすべて木製だったが、1926（大正15）年以降の新製客車は骨組みおよび車体外板を鋼製、室内を木製とする「半鋼製構造」とされた。

なお、1925（大正14）年には連結器がリンク式から自動連結器に交換された。リンク式とは車両間を鎖でつなぐもの。連結や解放作業は大変で強度的にも編成を長くすることは難しかった。この連結器交換作業は多大な労力がかかるが、長期にわたって準備を行い、全国ほぼ一斉に行われている。

こうした改革も進められ、国鉄の輸送体制は大きく進歩したのだ。

列車愛称の設定——「富士」「桜」

1929（昭和4）年9月15日、国鉄では全国ダイヤ改正を実施した。ここでは東京〜

列車にトレインマークを掲げて走る特別急行「富士」（『日本国有鉄道百年写真史』より）

下関間急行9・10列車の所要時間を2時間7分も短縮した23時間とするなど、東海道・山陽本線の列車を中心に全体的な所要時間短縮が行われ、また運転系統も大きく改善された。

また、このダイヤ改正を機に東京〜下関間を結んでいる特別急行1・2列車および特別急行3・4列車に愛称が付けられることになり、それぞれ「富士」「桜」（時刻表などの表記では「さくら」も使用）と命名された。さらに同年11月7日には「鉄道掲示例規別表」を改正し、列車の最後尾には列車名にちなんだトレインマークも掲げられるようになった。ちなみに「富士」は富士山をモチーフにした台形、「桜」は円形にサクラの花びらをあしらったデザインだった。これが列車愛称とトレインマークの始まりである。

この列車愛称やトレインマークの設定には、第一次世界大戦後に始まった恐慌、その最中に起こった関東大震災、さらに昭和恐慌へと続く経済的な背景があった。

国鉄では列車の増発を続けていたが、不況によって利用は落ち込んでいった。特に国鉄の看板列車として設定した特別急行の利用は芳しくなかった。急行料金は普通急行の倍となるが、所要時間はその価格差ほど違うわけではない。利用の掘り起こしに向けた施策だったのである。

さらに列車の運転本数が増えるにつれ作業が煩雑になってきた「予約」に対する改善策でもあった。鉄道では寝台車が導入された明治晩年から予約というサービスが始まった。部内では列車番号によって運用していたが、一般乗客には馴染みのない情報である。そのため、予約は乗車駅と出発時刻、行き先で該当列車を特定していたのである。

ちなみに特別急行1・2列車では寝台のみならず座席の指定も行っていた。これは座席番号で指定していたが、寝台より数が多いこともあって運用は破綻寸前だった。そのため、1923（大正12）年の特別急行3・4列車の運転開始に合わせて、両列車とも車両のみを指定する定員制のようなシステムに改めている。

こうした状況下、影の薄くなった特別急行にスポットを当て、さらに乗客の利便をはかる施策のひとつとして一般公募による列車愛称の設定が決まった。

ダイヤ改正が迫った8月、鉄道省から「特急の名前募集」と告知が出された。そこには8月25日を締切として「東京下関間特別急行列車に附ける恰好な名前を募集致します」とされ、当選者10名には薄謝も贈呈する旨が記されていた。

募集期間は告知から半月余りと短かったが、応募は5583票も集まった。開票結果は、10位までが富士1007票、燕882票、桜834票、旭576票、隼495票、鳩371票、大和366票、鷗《かもめ》266票、疾風《はやて》235票、千鳥232票となった。このほか、神風、敷島、菊、梅、稲妻、宮島、鳳、東風、雁などの名前も出ており、時代を感じさせる応募がかなりある。

鉄道省では厳正審査のうえ、もっとも応募の多かった「富士」を1・2列車に、3位の「桜」を3・4列車に採用した。なお、2番目に応募の多かった「燕」はスピード感のあることから、運行計画中だった新たな特急用に温存された。

「富士」「桜」命名の翌年10月1日、国鉄では再び全国規模のダイヤ改正を実施する。ここでも所要時間の短縮と運転系統の改善が盛り込まれたが、最大の目玉は東京〜神戸間に新設された特別急行11・12列車で、列車名は「燕」と名づけられた。

当初の運転時刻は、下りが東京9時ちょうど発、神戸18時着、上りは神戸12時25分発、東京21時20分着。所要時間は下りで9時間、上りは8時間55分となった。当時最速の「富士」では11時間以上かかっていた区間を一気に2時間以上短縮したのである。特急を超える「超特急」とも呼ばれたが、まさに快挙となる列車の誕生だった。

上下とも日中の運行で、本書のテーマとなる夜行列車ではないが、「富士」「桜」も高速運行する「燕」の技術を活かすかたちで時間短縮されている。「富士」の場合、東京〜神戸間の所要時間を1時間47分短縮の9時間51分とし、東京〜下関間では2時間55分短縮の19時間50分となった。

一方、「富士」「桜」ではこのころから木造客車を最新の鋼製客車に置き換え、サービスのレベルアップをはかっている。しかし、車両重量は増え、編成の短縮化も実施している。これは需要とのバランスをとったものかも知れない。

なお、「富士」では１９３５（昭和10）年7月15日から1等寝台車の一部を改造して浴室を設け、有料シャワーバスとしている。これが日本初の列車内シャワーだ。

シャワーバスの利用時間は、下り第1列車は6〜9時および17〜22時、上り第2列車は6〜14時、20〜22時までとし、希望者は専務車掌に申し込んで1回30銭で使用する方式だった。『日本国有鉄道百年史　第8巻』によると利用者には「かなり好評」だったとされるが、構造上の問題もあって改造が1両に留まったことから3日置きの運行となり、さらに浴室が1室とされたために需要に応じることが困難でもあり、この年は2か月足らずの試験的な運用に終わり、翌年7月から再登場している。

民間のアイディアから始まった「軽便枕」サービス

国鉄を代表する華やかな特別急行「富士」、超特急「燕」などは大きな話題となったが、実際に需要の高かったのは庶民が利用する普通急行や各駅に停車していく普通列車だった。

そのうちの長距離を結ぶ列車では上等の座席車や寝台車も連結されていたが、やはり価格の設定から利用者は限られ、乗客は3等座席車に集中した。そのため、国鉄では激増する3等旅客の需要を充足すべく、1919（大正8）年、1926（大正15）年、1934（昭和9）年など数次にわたって1等車を整理し、3等車の比率を増やしていった。

特別急行は孤高の存在だったが、そこで実用化された客車の改善策は一般用客車にも応用されていく。

ひとつは座席の改良で、座面は3等客車でもバネを仕込んだ座布団を使うようになり、座り心地は木製時代より格段に向上していた。ただし、背もたれについてはソファー並みの1等や2等におよばず、3等のそれは直角に立つ板張りで、ひじ掛けも通路側だけだった。

筆者も子どものころ、このタイプの座席に座った覚えがあるが、日中の乗車はともかく長時間利用となる夜行列車では辛かった。運よく窓際に座れた時は窓枠に頭をもたせることもできたが、気がつけば隣の人に寄りかかっていたなんてこともあった。その都度、詫《わ》びを入れるといった状況で、仮眠すらしにくかったのである。

こうした苦労は当時も同じだったようで、少しでも快適に仮眠できるようにと開発されたのが「軽便枕」だった。窪みのあるヘッドレストとひじ掛けを一体化したようなもので、板張りの背もたれにひっかけて使う構造だ。

「軽便枕」を使用した3等座席車（『日本国有鉄道百年写真史』より）

東京市在住の清水幹衛、幹次両氏によって考案され、同1920（大正9）年には鉄道大臣の許可を得て、同年8月15日から上野～新潟間の普通急行列車1往復の3等客車で試験的な営業が始まった。これは民間による営業で、料金は1回30銭だった。

この時代、夜行の長距離列車には1・2等寝台車の連結も行われていたが、3等寝台車はまだなかった。軽便枕は料金がリーズナブルなこともあって評判は上々。同年9月には上野～金沢間、10月には東海道・山陽本線へとサービスが広まっていく。翌年にはピーエル合名会社という会社組織にしてさらなる営業拡大をはかり、1923（大正12）年には主要幹線の主な夜行列車の3等車に普及するという盛況ぶりだった。

当初は乗客の希望を受けて係員がセットする方式だったが、やがて端《はな》から3等車の全座席にセットされ、乗客が不要と判断しても利用しなければならない押し売りのような事例も発生した。これにより乗客からの

ヘッドレストの付いた座席は戦後の客車（写真はスハ43系）でも使用された（筆者撮影）

苦情も出て、鉄道省は営業許可を取り消し、1926（大正15）年8月14日で軽便枕は廃止となった。

営業方法には問題があったものの、軽便枕そのものは乗客にとって快適なサービスだった。乗客からは復活を望む声も上がり、1929（昭和4）年9月25日から鉄道省直営として営業が再開されている。

料金は個人事業時代と変わらず1回30銭で、サービスを行う列車は時刻表にも記された。この直営時、東海道・山陽本線では実施されなかったが、九州から北海道まで主要路線の夜行列車を広くカバーしている。該当列車の大半に2等寝台車が連結されており、夜行列車として相応の需要がある人気列車だったこともうかがえる。

こうして再び日の目を見た軽便枕だったが、1931（昭和6）年に3等寝台車が誕生すると状況が変わっていく。3等寝台車の拡大にともない、軽便枕サービス列車は減少し、1934（昭和9）年3月31日限りで廃止となった。直営ゆえ、3等寝台と競合するサービスをわざわざ続けるという判断はなかったようだ。

なお、座席の背ずり肩にヘッドレストを付ける構造は、比較的リーズナブルに製造でき、機能的なデザインと思う。戦後の国鉄ではスハ43系客車、さらに修学旅行向けの155系電車などで実用化されているが、1960年代末期に登場した12系客車では手すりを兼ねた硬い金属製となり、もはやヘッドレストにはならなかった。

このヘッドレストの存亡は、夜行列車の存在そのものにも関わっていると思われる。12系客車の場合、1970（昭和45）年に開催された大阪万博などの波動輸送（季節的、突発的な需要を考慮した輸送計画）向けに開発されている。ここでは夜行列車としても運転されたが、それがメインになるわけではなかった。1970年代の夜行列車と言えば、すでに「ブルートレイン」などの寝台列車が主流となっており、わざわざ夜行向けの座席車をつくるという発想は客車のみならず電車や気動車も含めてもなくなっていたのだ。

ちなみに昨今の新幹線や特急形車両のグリーン車などでは実用的なヘッドレストも見られるが、これは夜行用ではなく居住性の向上としての採用だ。温故知新のデザインと思いたいが、自動車や飛行機の座席の進化に追従しているというところだろう。

庶民向けの3等寝台車が誕生

鉄道車両の構造的な改革は、先述のように大正末期から急速に進んだ。

客車の場合、明治期より木造となっていたが、大正末期には強度に優れた鋼材の活用が始まり、木材を併用する半鋼製車両が登場した。鋼材の活用はさらに進み、1927（昭和2）年には全鋼製車両も誕生した。木材から鋼材へと変わることで車体の重量は増すが、大正期に実施された自動連結器の採用や空気ブレーキへの切り替えによって、確実な連結ができ、暴走などを避けて安全にまかなえたのだ。

当初は車体長が17メートル級の2軸ボギー車（車体を2つの2軸台車で支える構造）、20メートル級の3軸ボギー車（車体を2つの3軸台車で支える構造）の2系列がつくられた。後者を3軸ボギー車としたのは、車体が長くなることで重量が増すことに対する対策だった。車軸を増やすことで1軸あたりにかかる重量は分散され、軸受けなどの負担も減らすことになるのだ。さらにその後、車体の台枠構造を改良、また鋼材のリベット組立てを溶接組立てにすることで軽量化に成功、1929（昭和4）年以降の客車はすべて連結面間を20メートルに統一、台車も2軸が標準となった。

また、採光や換気を配慮して採用された二重屋根（ダブルルーフ）についても見直しが進められ、屋根板を一重構造とした丸屋根になった。ただし、シンプルな切妻ではなく、前後端は丸みを付けたフォルムとし、従来構造の車両と連結する時の外観を考慮している。ちなみに『日本国有鉄道百年史 第9巻』には二重屋根の廃止について「内部の見付け上捨てがたい風情がある」と反対意見が強かったことも記されているが、車両の設計は単に技術面だけでなく、見た目も大きな要素となっていたことがわかる。

　かくして丸屋根が採用されることになったが、そのメリットは構造の簡素化に留まらず、客室天井の高さを拡大できることにもあった。

　寝台車の場合、上下寸法の制約から２段寝台が限界となっていたが、天井を高くすることで３段寝台も納められる。３段にすれば定員を多くすることが可能で、それまでになかった３等寝台車も実用化できると期待されたのである。

　そのため、丸屋根構造の客車は、座席車に先駆けて３等寝台車として開発が始まった。車内は通路を片側に寄せ、枕木方向に長さ１９００ミリ、幅５２０ミリの寝台を３段固定で配置した。つまり、寝台は櫛形配置となる。寝台の片側は壁で仕切られ、反対側は転落防止用のベルトが２本掛けられている。これにより６名分で１区画が構成され、定員は合計54名となった。車端部には洗面所と便所も設置された。この車両は１９３１（昭和６）年１月にスハネ３００００形として完成、２月１日から東海道本線の東京～神戸間急行13・14・19・20列車に組み込まれて運転を開始した。

　この３等寝台車の誕生に向けて３等寝台料金も設定され、上段は80銭、中段・下段は１円50銭とされた。当時の１等寝台上段５円、下段７円、２等寝台上段３円、下段４円50銭から見ると格安で、一躍人気となったようだ。30銭の「軽便枕」が東海道・山陽本線の列車に使われなかったのは、こうした３等寝台車の計画が進んでいたからと思われる。

このスハネ30000形は10両製造されたが、引き続き改良版のスハネ30100形として翌年から量産が始まった。ここでは車体の高さを40ミリ高くして寝台上段の居住空間を広げた一方、寝台長は1855ミリと短くして通路幅を45ミリ広げている。また、寝台の通路側にはカーテンを設置、寝台使用時のプライバシーも配慮された。これは1937(昭和12)年までに110両も製造され、九州から北海道まで全国各地の夜行列車に連結

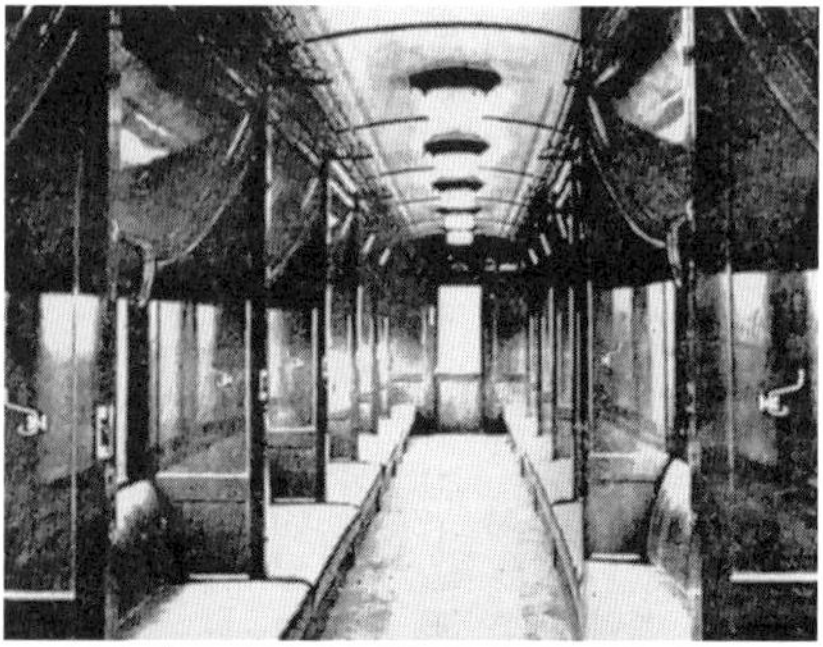

上・2等寝台車マロネ37350形(のちマロネ37形)(『日本交通変遷図鑑 鉄道篇』より　国立国会図書館蔵)
下・3等寝台車スハネ30100形(のちスハネ31形)(『日本国有鉄道百年写真史』より)

されている。

この3等寝台車登場まで主力となっていた寝台車は2等寝台車だった。寝台構造の違いなどによって多くの形式があったが、のちにマロネ37形に統合されるマロネ37300形、マロネ37350形、マロネ37400形あたりが主力となり、合計で138両におよんでいる。車内の構造は、中央通路で座席はロングシート状に並び、上段寝台は天井の肩に折りたたむ方式だった。寝台使用時は線路方向に2段寝台となり、定員は24名だった。

このような2等寝台が一般的だった時代、新しく誕生した3等寝台は乗客たちの目にどう映ったのだろうか。やや窮屈な構造にも見えたかも知れないが、価格からすれば妥当なサービスと判断されたに違いない。

ちなみに全寝台が満席となった場合、2等寝台の1両分の寝台料金は合計で90円。対して3等寝台では68円40銭となる。定員を増やす工夫をしたものの合計金額では2等寝台の方が儲かる計算だ。ただし、当時の国鉄では1等や2等利用者が減っており、3等寝台で少しでも乗客がついていてくれればと計算していたのかもしれない。

なお、このスハネ30000形およびスハネ30100形の開発は、国鉄の進めていた車両改革にとっては大きな成果となった。この車両に採用された丸屋根によって、屋根製造にかかる工程数とコストの削減が実証されたのだ。かくして1932（昭和7）年以降の増備車および新製車はすべて丸屋根となったのである。

戦前鉄道黄金時代の夜行列車

昭和初期という時代は、国鉄路線の建設が大きく進んだ時代でもあった。

象徴的なのは清水、丹那といった当時の日本で第1位および第2位となる最長トンネルの開通だ。これにより上越線が全通、東海道本線も難関となっていた御殿場経由から現在の熱海経由に切り替えられた。国鉄全体の営業キロで見ると、1920（大正9）年度に1万キロを超えたばかりだったが、1930（昭和5）年度には1万4574・9キロ、1935（昭和10）年度には1万7138・2キロ、1940（昭和15）年度には1万8400・0キロと驚異的な速度で増えている。こうした新路線の建設は国の施策として行われ、着工に向かっては法的な整備もあった。

国が建設すべき鉄道路線については明治時代に制定された「鉄道敷設法」があった。明治末期の私設鉄道国有化で北海道から九州に至る全国規模の幹線路線網ができたが、さらなる整備が必要と判断され、同法は1922（大正11）年4月11日には同名の新法（通称・改正鉄道敷設法）に切り替えられたのだ。

この法律には別表（通称・鉄道敷設法別表）が添えられ、本州99線、四国9線、九州19線、北海道22線、合計149線（分岐線分を加えると178線）もの予定線が掲げられた。この別表はその後数次にわたって改正が行われ、50余線が追加されている。ちなみに別表は

「鉄道敷設法」とともに１９８７（昭和62）年の国鉄民営化まで継続し、半世紀以上にわたって鉄道新線建設の法的根拠となっていた。

　改正鉄道敷設法以前から全国各地で鉄道建設は進められていたが、この新法制定で建設体制が強化され、昭和初期に次々と新線が誕生していったのである。なかでも幹線となる路線では優先的に工事が進められ、この時期に全通に至ったものが多い。

　例えば、１９２４（大正13）年に羽越本線が全通しているが、これにより関西と東北の青森を結ぶ、いわゆる日本海縦貫線が完成、沿線や北海道連絡の重要なルートが形成された。

　また、九州の鹿児島本線は明治末期に山間の人吉経由で全通していたが、１９２７（昭和２）年には川内《せんだい》を経由する海沿いのルートが完成し、輸送力が格段に向上した。さらに１９３２（昭和７）年に日豊本線も全通し、九州の外縁を巡る路線ができあがった。

１９３１（昭和６）年９月１日には当時日本最長、世界でも第９位の長さとなる全長９７０２メートルの清水トンネルが完成し、上越線が全通した。これにより首都圏と新潟を結ぶ新ルートが誕生した。それまでこの区間を結ぶには、長野を経由する信越本線、あるいは東北本線の郡山から会津若松を経由する磐越西線というルートがあった。ただし、信越本線では途中に国鉄最急勾配となる碓氷《うすい》峠があり、輸送力に限界があった。そのため、磐越西線も重要視され、大正時代から上野〜新潟間に夜行を含む直通列車も設定されてきたのだ。

　また、清水トンネルでは前後の区間も含めてトンネルが多いことから、当時主力の蒸気機関車による運行は困難とされ、水上〜石打間は電化されて電気機関車による運転となった。この電化に向けて国産初の本格的電気機関車としてED16形も開発された。すでに東海道本線では輸入電気機関車による運転が始まっていたが、国産機の誕生は技術の大きな進歩となった。ED16形は、やはりトンネルが多く、急勾配が連続していた中央本線でも活用が始まり、さらに東海道本線向けの大型機EF53形へと発展していった。

　上越線全通に続いて室蘭本線や山陰本線が相次いで全通した。室蘭本線は函館本線の長万部と岩見沢を結ぶものだが、急勾配が連続し「山線《やません》」とも呼ばれた長万部〜小樽間を避けるルートとなり、輸送力の拡大が期待された。

　そして1934（昭和9）年12月1日、清水トンネルに続いて国内第2位となる全長7804メートルの丹那トンネルも開通した。丹那トンネルは熱海〜函南《かんなみ》間で伊豆半島の脊梁部を潜り抜ける。東海道本線の国府津〜沼津間は急勾配の連続する御殿場経由となっていたが、トンネル完成に合わせて熱海経由に切り替えられた。ここでは長大トンネルということで同時に沼津まで電化、東京〜沼津間は電気機関車による運転となった。

　同日、麻里布《まりふ》（現・岩国）〜櫛ケ浜《くしがはま》間が全通（のちの岩徳線《がんとく》）、これを山陽本線に編入した。全線単線だが、同区間の山陽本線より距離は短く、短絡線として活用されたのだ。

特別急行列車　1934/昭和9年12月1日

下り

線	列車番号		1011	11	3	1
	列車愛称		不定期燕	燕	桜	富士
東海道本線	東京	(発)	850	900	1330	1500
	横浜	(着)	916	926	1356	1526
		(発)	917	927	1358	1528
	小田原	(着)	レ	レ	1446	1616
		(発)	レ	レ	1447	1616
	熱海	(着)	レ	レ	1508	レ
		(発)	レ	レ	1509	レ
	沼津	(着)	1046	1056	1531	1658
		(発)	1050	1100	1535	1702
	静岡	(着)	1135	1145	1620	1747
		(発)	1138	1148	1622	1749
	浜松	(着)	レ	レ	1726	1853
		(発)	レ	レ	1731	1858
	豊橋	(着)	レ	レ	1802	1929
		(発)	レ	レ	1803	1930
	名古屋	(着)	1407	1417	1900	2027
		(発)	1412	1422	1905	2032
	岐阜	(着)	レ	レ	1930	2057
		(発)	レ	レ	1931	2058
	大垣	(着)	1448	1458	1944	2111
		(発)	1448	1458	1945	2112
	米原	(着)	レ	レ	2019	2146
		(発)	レ	レ	2021	2147
	大津	(発)	レ	レ	2109	2235
	京都	(着)	1615	1625	2119	2245
		(発)	1616	1626	2124	2248
	大阪	(着)	1650	1700	2200	2322
		(発)	…	1702	2207	2327
	三ノ宮	(発)	…	1733	2236	2355
	神戸	(着)	…	1737	2240	2359
山陽本線		(発)	…	…	2244	005
	姫路	(着)	…	…	2333	100
		(発)	…	…	2338	105
	岡山	(着)	…	…	058	225
		(発)	…	…	104	230
	糸崎	(着)	…	…	225	354
		(発)	…	…	230	400
	瀬野	(発)	…	…	レ	レ
	広島	(着)	…	…	409	539
		(発)	…	…	414	545
	宮島	(発)	…	…	レ	609
	麻里布	(発)	…	…	457	レ
	三田尻	(発)	…	…	レ	753
	小郡	(着)	…	…	640	813
		(発)	…	…	645	818
	厚狭	(発)	…	…	722	レ
	下関	(着)	…	…	800	930

上り

線	列車番号		2	4	1012	12
	列車愛称		富士	桜	不定期燕	燕
山陽本線	下関	(発)	2030	2200	…	…
	厚狭	(発)	レ	2237	…	…
	小郡	(着)	2137	2311	…	…
		(発)	2142	2316	…	…
	三田尻	(発)	2201	レ	…	…
	麻里布	(発)	レ	048	…	…
	宮島	(発)	2334	レ	…	…
	広島	(着)	2356	128	…	…
		(発)	002	134	…	…
	瀬野	(発)	027	159	…	…
	糸崎	(着)	144	315	…	…
		(発)	150	320	…	…
	岡山	(着)	325	445	…	…
		(発)	330	450	…	…
	姫路	(着)	514	613	…	…
		(発)	520	618	…	…
	神戸	(着)	614	717	…	…
東海道本線		(発)	617	720	…	1220
	三ノ宮	(発)	622	725	…	1225
	大阪	(着)	650	755	…	1255
		(発)	655	800	1250	1300
	京都	(着)	729	836	1324	1334
		(発)	731	841	1326	1336
	大津	(発)	746	855	レ	レ
	米原	(着)	834	943	レ	レ
		(発)	835	945	レ	レ
	大垣	(着)	909	1020	レ	レ
		(発)	910	1021	レ	レ
	岐阜	(着)	924	1035	レ	レ
		(発)	925	1036	レ	レ
	名古屋	(着)	951	1102	1529	1539
		(発)	956	1107	1533	1543
	豊橋	(着)	1053	1204	レ	レ
		(発)	1054	1205	レ	レ
	浜松	(着)	1126	1237	レ	レ
		(発)	1131	1242	レ	レ
	静岡	(着)	1237	1348	1803	1813
		(発)	1239	1350	1806	1816
	沼津	(着)	1324	1435	1851	1901
		(発)	1328	1439	1855	1905
	熱海	(着)	レ	1501	レ	レ
		(発)	レ	1502	レ	レ
	小田原	(着)	1410	1524	レ	レ
		(発)	1411	1525	レ	レ
	横浜	(着)	1458	1612	2024	2034
		(発)	1500	1615	2025	2035
	東京	(着)	1525	1640	2050	2100

＊昭和9年12月のジャパン・ツーリスト・ビューロー発行『鉄道省編纂 汽車時間表』より作成。12時間制を24時間制で表記。宮島＝現・宮島口、麻里布＝現・岩国、三田尻＝現・防府、小郡＝現・新山口。列車名は「つばめ」「さくら」の記載も併用されていた

さらに有明線として建設されていた肥前山口（現・江北）～諫早《いさはや》間も全通し、早岐《はいき》経由で運行されていた長崎本線をこのルートに切り替えた。ここでも距離が短くなり、所要時間の短縮となったのである。

国鉄ではこうした成果をもとに１９３４年12月１日に全国時刻表大改正を実施、列車の速度向上と運転系統を改革した。「富士」「桜」そして「燕」といった特別急行はもちろんのこと、普通急行から普通列車に至るまで長距離列車は大幅にスピードアップされ、さらに多くの列車が新設された（第2章末の「夜行列車一覧１９３４／昭和9年12月1日」参照）。また、世界的な流線型ブームを受けて、C53形を皮切りに国鉄ではこのデザインを採り込んだ車両を開発、その流れは私鉄各社にも広まった。

その後、日本では１９３７（昭和12）年に始まる日中戦争、さらに１９４１（昭和16）年には太平洋戦争へと進み、鉄道も臨戦態勢に入っていく。そうしたこともあり、１９３４年からの数年間は〝戦前の鉄道黄金期〟とも呼ばれている。

この時代、長距離列車では必然的に夜行となるものが多く、戦前の鉄道黄金期は「夜行列車の黄金期」でもあった。路線網の拡張によってさまざまなルートに列車が設定され、運転本数が増えていったのだ。当時の時刻表でカウントすれば不定期列車も含めて１４０余本の夜行列車が設定されている。

編成内容を見ればやはり特別急行「富士」がトップとなるが、東海道・山陽本線の夜行列車ではそれにひけをとらない列車もあった。

例えば東京〜神戸間を結ぶ急行17・18列車では、座席・寝台とも1等・2等のみ。「富士」にも連結されている3等座席車や3等寝台車は連結されていない。食堂車は洋食仕様の車両が使用されている。運転時刻は下りが東京21時30分発、神戸翌朝9時17分着、上りは神戸20時50分発、東京翌朝8時00分着で、起終点発着の時間帯も良かった。そのため、政府高官や代議士、実業家などに人気があったようで、往年を知る鉄道愛好者には「名士列車」とも呼ばれていた。

また、3等の座席車や寝台車も連結されているが、東京〜下関間を結ぶ急行7・8列車の編成内容も豪華だった。こちらは下りが

東京〜下関間の料金　1934/昭和9年12月現在 （単位：円）

列車	乗車車両	運賃	急行料金	寝台料金	合計
特別急行	1等寝台 上段	28.71	7.50	5.00	41.21
	1等寝台 下段	28.71	7.50	7.00	43.21
	2等寝台 上段	19.14	5.00	3.00	27.14
	2等寝台 下段	19.14	5.00	4.50	28.64
	3等寝台 上段	9.57	2.50	0.80	12.87
	3等寝台 中段	9.57	2.50	1.50	13.57
	3等寝台 下段	9.57	2.50	1.50	13.57
	1等座席	28.71	7.50	―	36.21
	2等座席	19.14	5.00	―	24.14
	3等座席	9.57	2.50	―	12.07
急行	1等寝台 上段	28.71	3.75	5.00	37.46
	1等寝台 下段	28.71	3.75	7.00	39.46
	2等寝台 上段	19.14	2.50	3.00	24.64
	2等寝台 下段	19.14	2.50	4.50	26.14
	3等寝台 上段	9.57	1.25	0.80	11.62
	3等寝台 中段	9.57	1.25	1.50	12.32
	3等寝台 下段	9.57	1.25	1.50	12.32
	1等座席	28.71	3.75	―	32.46
	2等座席	19.14	2.50	―	21.64
	3等座席	9.57	1.25	―	10.82
普通	2等寝台 上段	19.14	―	3.00	22.14
	2等寝台 下段	19.14	―	4.50	23.64
	3等寝台 上段	9.57	―	0.80	10.37
	3等寝台 中段	9.57	―	1.50	11.07
	3等寝台 下段	9.57	―	1.50	11.07
	2等座席	19.14	―	―	19.14
	3等座席	9.57	―	―	9.57

＊昭和9年12月のジャパン・ツーリスト・ビューロー発行『鉄道省編纂汽車時間表』より作成

東京23時00分発、下関翌日21時00分着、上りは下関9時15分発、東京翌朝7時10分着となる。

当時、東京～下関間には「富士」をはじめ、多くの列車が運行されていたが、「富士」の下りは東京15時00分発、下関翌日9時30分着、上りは下関20時30分発、東京翌日15時25分着で、下関発着時刻で見ると「富士」と7・8列車にはほぼ12時間の差があった。実は下関港から10時30分あるいは22時30分に出航する釜山行きの船があり、両列車ともその連絡列車となっていたのである。逆に両列車の上りは釜山から下関に入る船に接続していた。

さらに両列車とも関門航路で九州に渡れば、長崎へもスムーズに出向けた。長崎港からは上海行きの航路もあり、その連絡列車でもあったのである。

つまり、7・8列車は列車種別こそ普通急行だったが、「富士」と対をなす海外への足となる国際列車でもあったのだ。この時代、大陸との往来は盛んで、両列車の担う役割は重要で、7・8列車も相応の編成を組んでいたのである。

こうした特殊な例は別としても、当時運行されていた夜行列車の半数以上に寝台車が連結され、また3分の1近くには食堂車も連結されていた。当時の国鉄は昼夜をかけて長時間利用する乗客に対してなかなかのサービスを提供していたのである。ここでは１９３１（昭和6）年に誕生した3等寝台車も活用され、多くの乗客の支持を受けたと想像できる。

変わったところでは各駅に停車する普通列車ながら門司発の門司行きという設定もあっ

た。日豊本線を下り、吉都《きっと》線・肥薩線を経由して鹿児島本線へと入り、九州を周回するのである。不思議なことに時計回りだけ設定され、反対方向の列車はない。八代から鹿児島本線を走行する際はほかの列車に併結されると記され、さほど長い編成ではなかったかもしれないが、この時代の変わり種であることに間違いない。たぶん、それぞれの区間の需要に向けた設定のなか、車両運用の効率化をはかることで生まれた列車と思われるが、始発から終点まで乗ってみたかった。

戦時中の夜行列車事情

1937（昭和12）年7月1日、東海道・山陽本線を中心としたダイヤ改正が行われ、「燕」の姉妹列車として東京〜神戸間特別急行「鷗」が新設された。「燕」は運転開始以来人気を誇り、不定期の臨時「燕」も設定されていたが、予想を上回る需要に姉妹列車の運転が始まったのである。

そして「鷗」が走り始めた直後の7月7日に盧溝橋事件が起こった。これをきっかけとして日中戦争が始まり、さらに太平洋戦争へと、時代は暗転していく。

翌年4月1日には「国家総動員法」が公布され、翌日には都市部の交通事業の統合を促す「陸上交通事業調整法」も公布される。

この時、夜行列車となる国鉄の長距離列車には大きな変化はなかったが、同じく4月1

日から「支那事変特別税法」として運賃に通行税が加算されるようになった。また、5月19日には「富士」のシャワーバスも廃止されているが、贅沢を戒める象徴的な配慮だったのかも知れない。

戦時下、軍需工場を中心に企業の動きは活発になった。さらに日本と中国大陸を往来する旅客と貨物も急増、1939(昭和14)年11月15日には東海道・山陽本線を中心とした長距離列車と通勤列車が増発されている。長距離列車では東京〜下関間2往復、大阪〜東京間急行2往復(昼行1往復、夜行1往復)が増発されたほか、北陸や北海道では運転区間を延長するなど輸送力が強化された。

翌年10月10日にも同様の輸送力強化が行われ、東京〜下関間および東京〜名古屋間の急行各1往復が増発されたほか、東京〜大阪間列車を東京〜広島間へ、東京〜広島間列車を東京〜下関間へと各列車で延長された。

さらに1941(昭和16)年2月15日にも東海道・山陽本線を中心としたダイヤ改正が行われて東京〜下関間急行が1往復増発された。これにより東海道・山陽本線の急行列車は特急を含めて19往復となり、ほかの地区と合わせて国鉄の急行は合計31往復を数えた。これは戦前の急行運転本数のピークだった。

こうした輸送力強化を行ったものの、この時代は軍需工場への通勤輸送や軍隊への入隊などで人流が急増していた。7月16日にはすべての3等寝台車連結を打ち切り、食堂車も削減、座席車の増結に切り替える事態となった。こうして運用から外された３等寝台車はすべて寝台が撤去され、座席車（オハ34形）へと改造されている。また、既存の３等客車では座席の一部を撤去して立席を増やすといった改造も行われている。

こうしたなか、１９４１年12月８日から太平洋戦争へと突入、さらに戦時色が強まっていく。ひとつは鉄道収益からの軍事活用などもあり運賃・料金の値上げが進められることになった。すでに支那事変特別税法による通行税が課せられていたが、太平洋戦争開始の翌月には急行料金・寝台料金の値上げが行われ、以後、運賃・料金の改定は毎年実施されることになる。

１９４２（昭和17）年10月11日から鉄道時刻が12時間制から24時間制に切り替わった。これは当時の交通事業を管理していた鉄道省の省令によるもので、国鉄のみならず、私鉄各社も一斉に24時間制に切り替えている。軍隊で以前より24時間制を使用していたことから、相互の利便をはかる改革だったようだ。

12時間制時代、当初は午前・午後を記すことで区別していたが、夜行列車が運行されるようになると理解しにくくなってきた。そのため、時刻表などでは午前を細字、午後を太字とするような工夫も行われていた。ただし、その表記は時代や制作者によって異なり、正午を太字で「０００」あるいは「１２００」と記すなど混乱をまねく部分もあった。

今では当たり前となった24時間制だが、当時の一般の人々には不慣れなものだったようだ。初めて24時間制表記となった『鉄道省編纂時刻表』(1942年11月号)では目次ページに12時間制と24時間制の換算表も掲載されている。

24時間制となってほどない11月15日、本州と九州を結ぶ関門トンネルの開通を受けたダイヤ改正が実施された。このトンネルは関門海峡の海底下を単線2本で結ぶもので、長さは下りトンネルでは3614メートル、上りは3605メートルとなっている。まず下りトンネルが竣工、同年6月から貨物列車の営業運転が始まっていた。上りトンネルの工事は続いていたが11月15日から単線トンネルのまま、旅客営業も開始したのである。これを機に東京〜下関間の運転だった「富士」が長崎まで直通するようになったほか、東京〜鹿児島間、東京〜博多間などの九州直通列車が登場している。

この改正は「戦時陸運非常体制」の確立を背景に実施されたもので、海運から陸運へと切り替えられた貨物輸送に対応すべく貨物列車の増発に主眼が置かれていた。そのため、旅客列車の削減や速度低下も多かった。例えば「桜」は東京〜下関間から東京〜鹿児島間の運転となったが、特急ではなく愛称なしの急行に格下げされている。

年が明けて1943(昭和18)年2月15日、戦時陸運非常体制のさらなる強化となるダイヤ改正が実施された。ここでは特急「鷗」の廃止、「燕」の運転区間を短縮したほか、「桜」格下げの急行を東京〜熊本間とするなど、長距離列車の大幅削減となった。

さらに同年7月1日には急行料金の改定を実施、従来の特別急行を第1種急行、普通急行を第2種急行と改めた。第1種急行には「富士」「燕」、そして「桜」格下げの熊本急行が適用されている。この時、急行料金の地帯区分もやめ、400キロまでの急行料金も401キロ以上と同額になった。ただし、もっとも利用の多かったであろう東京〜大阪間でも401キロ以上あり、大した増収にはならなかったことだろう。

同年10月1日には「決戦ダイヤ」として貨物列車が大増発となり、急行列車の削減と速度低下が進んだ。

翌年1944（昭和19）年にはさらに戦局が悪化、2月には「決戦非常措置要綱」も制定された。鉄道の場合、貨物輸送の強化をはかるため、旅客輸送をさらに抑制することになった。

この要綱を受け、国鉄では同年4月1日から100キロ以内の近距離旅行は乗車券を枚数制限、100キロを超える遠距離旅行に対して公務・公用などの旅行証明書を必要とすることで数量的な制限を実施した。また、すべての列車で1等車、寝台車、食堂車の連結を取りやめ、第1種急行となっていた特急列車も廃止され、第2種急行も大幅な削減となった。

本州と九州を結ぶ関門トンネルは下りトンネルだけで単線運転を実施していたが、9月には上りトンネルも竣工、複線としての運行が可能になった。これを受けて10月11日にダイヤ改正を実施した。ここでも貨物列車の強化が行われ、旅客は通勤輸送が強化されたもの長距離列車は削減されている。

1945（昭和20）年では年頭の1月25日にダイヤ改正が実施された。夜行列車の場合、急行は東海道・山陽本線（九州直通を含む）5往復のほか、東北本線1往復、北海道1往復と激減している。しかも東北本線の203・204列車は当分の間、運休という扱い。また、編成にしてもすべて2等・3等座席車だけとなっている。黄金期となっていた1934（昭和9）年に比べたら惨憺《さんたん》たる有様だが、それでも運転が続いていたのだ。

同年3月10日の東京大空襲直後、急行列車はついに東京〜下関間1往復となった。その後、空襲の激化にともない、長距離列車は朝夕の通勤時間帯区間を残して日中は間引くといった対応も行われるようなった。もはや系統的な運行は厳しく、ダイヤの意味すらないような状況になっていた。それでも罹災《りさい》者輸送や疎開輸送も必要とされ、国鉄は大混乱の状態で運行を継続していたのだ。

そして同年8月15日、戦争が終結する。この日も鉄道が動いていたということで、敗戦に打ちひしがれた人々の慰めになったという話も残っているが、夜行列車は皆無か、極めて限られた運行となっていたに違いない。

夜行列車一覧　1925/大正14年4月　――その①――

列車番号	列車種別	編成	始発駅名	発時刻	終着駅名	日付	着時刻
東海道・山陽本線							
21			東京	445	下関	翌日	1720
25			東京	625	神戸	翌日	100
3	特別急行	食	東京	815	下関	翌日	805
77*			東京	825	富山	翌日	736
1	特別急行	寝・食	東京	845	下関	翌日	830
79			東京	1030	姫路	翌日	702
27			東京	1200	明石	翌日	715
9	急行	食	東京	1730	神戸	翌日	725
11	急行	寝・食	東京	1900	神戸	翌日	855
13	急行	寝・食	東京	1920	神戸	翌日	925
5	急行	食	東京	2010	下関	翌日	2138
7	急行	寝・食	東京	2030	下関	翌日	2200
29		寝	東京	2040	姫路	翌日	1540
15	急行	寝・食	東京	2145	神戸	翌日	1200
23		寝・食	東京	2210	下関	翌々日	650
31		寝	東京	2300	糸崎	翌日	2314
41		食	京都	1130	下関	翌日	530
43		寝・食	京都	1640	下関	翌日	740
45		寝・食	京都	1935	下関	翌日	1237
47		寝・食	京都	2110	下関	翌日	1430
49*			京都	2235	下関	翌日	1900

77*＝米原〜富山間は682列車、49*＝岡山まで宇野641着の101列車連結

28			明石	1038	東京	翌日	530
24		寝・食	下関	2123	東京	翌々日	640
30		寝	姫路	1235	東京	翌日	700
32		寝	糸崎	810	東京	翌日	750
10	急行	食	神戸	1800	東京	翌日	810
12	急行	寝・食	神戸	1900	東京	翌日	900
14	急行	寝・食	神戸	2000	東京	翌日	1000
16	急行	寝・食	神戸	2050	東京	翌日	1130
8	急行	寝・食	下関	945	東京	翌日	1215
6	急行	食	下関	1010	東京	翌日	1235
26			明石	2150	東京	翌日	1606
2	特別急行	寝・食	下関	2045	東京	翌日	2030
80*			富山	2110	東京	翌日	2039
4	特別急行	食	下関	2105	東京	翌日	2130
22			下関	1220	東京	翌日	2302
50*			下関	1030	京都	翌日	610
48		寝・食	下関	1350	京都	翌日	734
44		寝・食	下関	1540	京都	翌日	908
46		寝・食	下関	1820	京都	翌日	1300
42		食	下関	2340	京都	翌日	1740

80*＝富山〜米原間は681列車、50*＝岡山で宇野2208発の112列車連結

列車番号	列車種別	編成	始発駅名	発時刻	終着駅名	日付	着時刻
201		食	上野	1800	青森	翌日	1422
209			上野	1830	青森	翌日	1844
771*	急行	寝	上野	1900	金沢	翌日	835
103*			上野	1910	新潟	翌日	941
701*	急行	寝・食	上野	2000	青森	翌日	1535
101*	急行	寝	上野	2030	新潟	翌日	835
105*			上野	2040	新潟	翌日	1132
705*			上野	2110	秋田	翌日	1532
401*		寝	上野	2140	新潟	翌日	1000
801*	急行	寝・食	上野	2200	青森	翌日	1515
773*			上野	2210	米原	翌日	2059
111*			上野	2240	新潟	翌日	1426
205			上野	2300	青森	翌日	2212
139*			上野	2320	直江津	翌日	1103

101*、103*、105*、111*、139*、771*、773*＝信越本線経由、401*＝磐越西線経由、701*、703*、705*＝奥羽本線経由、801*、803*＝常磐線経由

206			青森	615	上野	翌日	500
774*			今庄	650	上野	翌日	510
706*			秋田	1145	上野	翌日	550
112*			新潟	1415	上野	翌日	615
104*			新潟	1530	上野	翌日	630
102*	急行	寝	新潟	1800	上野	翌日	700
802*	急行	寝・食	青森	1330	上野	翌日	700
402*		寝	新潟	1905	上野	翌日	720
208			青森	912	上野	翌日	820
702*	急行	寝・食	青森	1300	上野	翌日	845
106*			新潟	1720	上野	翌日	908
772*	急行	寝	金沢	1930	上野	翌日	915
108			新潟	2005	上野	翌日	1138
202		食	青森	1435	上野	翌日	1215
210			青森	1712	上野	翌日	1620
204	急行	寝・食	青森	2320	上野	翌日	1630
804*			青森	2350	上野	翌日	2300

102*、104*、106*、112*、772*、774*＝信越本線経由、402*＝磐越西線経由、702*、704*、706*＝奥羽本線経由、802*、804*＝常磐線経由

北海道方面

3	急行	寝	函館桟橋	1313	根室	翌日	1549
13*		寝	函館桟橋	1340	野付牛	翌日	1450
1	急行	寝・食	函館桟橋	2220	稚内	翌日	2018
11			函館桟橋	2320	音威子府	翌日	1932
14*		寝	野付牛	1420	函館桟橋	翌日	1540
4	急行	寝	根室	1335	函館桟橋	翌日	1615
12			音威子府	940	函館桟橋	翌日	550
2	急行	寝・食	稚内	825	函館桟橋	翌日	621

13*、14*＝宗谷・名寄本線・湧別線経由、函館桟橋＝現廃止、野付牛＝現・北見

＊鉄道省編纂『汽車時間表』大正14年4月号より作成。12時間制を24時間制で表記

夜行列車一覧　1925/大正14年4月　――その②――

列車番号	列車種別	編成	始発駅名	発時刻	終着駅名	日付	着時刻
関西本線							
70			湊町	2330	鳥羽	翌日	528
山陰本線							
619		寝	京都	2035	大社	翌日	757
709		寝	大阪	2125	大社	翌日	939
618		寝	大社	1722	京都	翌日	555
710		寝	大社	1920	大阪	翌日	802

大社＝大社線（現・廃止）

列車番号	列車種別	編成	始発駅名	発時刻	終着駅名	日付	着時刻
九州方面							
21		寝・食	門司	1845	鹿児島	翌日	730
7	急行	寝	門司	2305	鹿児島	翌日	856
107		寝	門司	2325	長崎	翌日	733
108		寝	長崎	2300	門司	翌日	745
50		寝・食	鹿児島	2020	門司	翌日	932
8	急行	寝	鹿児島	2225	門司	翌日	820

門司＝現・門司港

列車番号	列車種別	編成	始発駅名	発時刻	終着駅名	日付	着時刻
北陸・信越・羽越・奥羽本線（日本海縦貫線）							
503	急行	寝	神戸	2150	青森	翌々日	530
682*			姫路	1630	富山	翌日	736
684		寝	大阪	2115	直江津	翌日	1358
772	急行	寝	金沢	1930	上野	翌日	915
774			今庄	650	上野	翌日	510
504	急行	寝	青森	2250	神戸	翌々日	710
681*			富山	2110	姫路	翌日	1230
683		寝	直江津	1445	大阪	翌日	550
771	急行	寝	上野	1900	金沢	翌日	835
773			上野	2210	米原	翌日	2059

682*＝米原で東京発77列車を連結、681*＝米原まで東京行き80列車を連結

列車番号	列車種別	編成	始発駅名	発時刻	終着駅名	日付	着時刻
中央本線							
413			飯田町	1728	長野	翌日	508
401		寝	飯田町	2200	長野	翌日	930
415			飯田町	2330	長野	翌日	1222
414			長野	1715	飯田町	翌日	520
402		寝	長野	1935	飯田町	翌日	641
416			長野	2310	飯田町	翌日	1039
703			名古屋	1930	長野	翌日	406
705		寝	名古屋	2240	長野	翌日	704
704		寝	長野	2135	名古屋	翌日	620
706			長野	2350	名古屋	翌日	820

飯田町＝飯田橋付近にあった駅（現・廃止）

列車番号	列車種別	編成	始発駅名	発時刻	終着駅名	日付	着時刻
東北・奥羽・信越本線							
703*			上野	600	秋田	翌日	1212
803*			上野	625	青森	翌日	520
207			上野	1140	青森	翌日	1116
203	急行	寝・食	上野	1300	青森	翌日	630

列車番号	列車種別	始発駅名	発時刻	終着駅名	日付	着時刻	編成 展望	座1	座2	座3	寝1	寝2	寝3	食堂
6	急行	下関	1250	東京	翌日	930			●	●		●	●	和
38		大阪	1847	東京	翌日	1010			●	●				
40		大阪	2320	東京	翌日	1305			●	●				
42		岡山	2000	東京	翌日	1425			●	●				
2	特急 富士	下関	2030	東京	翌日	1525	●	●	●	●	●	●	●	洋
4	特急 さくら	下関	2200	東京	翌日	1640			●	●		●	●	和
1010*	急行	下関	2245	東京	翌日	1935			●	●		●		和
10	急行	下関	2300	東京	翌日	1945			●	●		●	●	和
24		下関	1440	東京	翌日	2010			●	●				
106		下関	1300	京都	翌日	544			●	●				
110		下関	1700	京都	翌日	724			●	●		●	●	和
102		下関	1905	京都	翌日	824			●	●		●	●	和
112		下関	2210	京都	翌日	1240			●	●		●	●	和
114		下関	2350	京都	翌日	1405			●	●				
802		宇野	2315	鳥羽	翌日	1012			●	●		●		

1242*、1008*、1006*、1010*＝不定期

関西本線

1241*		東京	2225	山田	翌日	847			●	●				
241		東京	2230	鳥羽	翌日	930			●	●		●		
448*		大阪	030	鳥羽	当日	520			●	●				
314		湊町	2345	鳥羽	翌日	545			●	●				
802		宇野	2315	鳥羽	翌日	1012			●	●		●		
801		鳥羽	1802	宇野	翌日	603			●	●		●		
242		鳥羽	1848	東京	翌日	625			●	●		●		

1241*、448*＝不定期

山陰本線

213		京都	2130	大社	翌日	917			●	●		●		
405		大阪	2130	大社	翌日	1046			●	●		●		
201		大社	2035	下関	翌日	623			●	●				
214		大社	1635	京都	翌日	556			●	●		●		
406		大社	1826	大阪	翌日	717			●	●		●		
202		下関	2310	大社	翌日	747			●	●				

九州方面

19		門司	1745	鹿児島	翌日	633			●	●				
7	急行	門司	2200	鹿児島	翌日	710			●	●		●	●	
107		門司	2300	長崎	翌日	725			●	●		●		
107/407*		門司	2300	都城	翌日	1111			●	●				
231/18*		門司	950	門司	翌日	847			●	●				
207*		門司	2155	鹿児島	翌日	1134			●	●				
108		長崎	2300	門司	翌日	750			●	●		●		
18		鹿児島	2040	門司	翌日	847			●	●				
64		鹿児島	2130	出水	翌日	746				●				
8	急行	鹿児島	2230	門司	翌日	810			●	●		●	●	

夜行列車一覧　1934/昭和9年12月1日　――その①――

列車番号	列車種別	始発駅名	発時刻	終着駅名	日付	着時刻	編成 展望	座1	座2	座3	寝1	寝2	寝3	食堂
東海道・山陽本線(下り)														
1009*	急行	東京	1020	下関	翌日	645			●	●		●		和
9	急行	東京	1030	下関	翌日	700			●	●		●	●	和
21		東京	1045	下関	翌日	1435			●	●				
3	特急 さくら	東京	1330	下関	翌日	800			●	●		●	●	和
1	特急 富士	東京	1500	下関	翌日	930	●	●	●	●	●	●	●	洋
23		東京	1530	下関	翌日	1930			●	●				
35		東京	1800	岡山	翌日	1033			●	●				
13	急行	東京	1930	神戸	翌日	720				●			●	和
15	急行	東京	2030	神戸	翌日	747			●	●		●	●	和
1005*	急行	東京	2055	下関	翌日	1745			●	●		●		和
5	急行	東京	2100	下関	翌日	1800			●	●		●	●	和
17	急行	東京	2130	神戸	翌日	917		●	●		●	●		洋
19	急行	東京	2200	神戸	翌日	940			●	●		●	●	和
1241*		東京	2225	山田	翌日	847			●	●				
241		東京	2230	鳥羽	翌日	930			●	●		●		
1007*	急行	東京	2250	大阪	翌日	1020			●	●		●		和
7	急行	東京	2300	下関	翌日	2100		●	●	●	●	●	●	洋
37		東京	2320	大阪	翌日	1145			●	●		●		和
39		東京	2340	大阪	翌日	1311			●	●				
717		名古屋	2310	姫路	翌日	650			●	●				
117		京都	1430	下関	翌日	510			●	●				
105		京都	1700	下関	翌日	615			●	●				
111		京都	1800	下関	翌日	727			●	●		●	●	和
135		京都	1805	笠岡	翌日	112			●	●				
113		京都	2030	下関	翌日	1055			●	●		●	●	和
101		京都	2218	下関	翌日	1250			●	●		●	●	和
801		鳥羽	1802	宇野	翌日	603			●	●		●		
803*		大阪	2350	宇野	翌日	535			●	●				

803*、1009*、1005*、1241*、1007*＝不定期

列車番号	列車種別	始発駅名	発時刻	終着駅名	日付	着時刻	展望	座1	座2	座3	寝1	寝2	寝3	食堂
東海道・山陽本線(上り)														
34		大阪	1535	東京	翌日	500			●	●				
36		大阪	1623	東京	翌日	525			●	●		●		和
1242*		名古屋	2146	東京	翌日	540			●	●				
22		下関	500	東京	翌日	600			●	●				
242		鳥羽	1848	東京	翌日	625			●	●		●		
14	急行	神戸	1820	東京	翌日	640				●			●	和
1008*	急行	下関	900	東京	翌日	655			●	●		●		和
8	急行	下関	915	東京	翌日	710		●	●	●	●	●	●	洋
16	急行	神戸	1950	東京	翌日	730			●	●		●	●	和
18	急行	神戸	2050	東京	翌日	800		●	●		●	●		洋
20	急行	神戸	2120	東京	翌日	830			●	●		●	●	和
1006*	急行	大阪	2235	東京	翌日	900			●	●		●		和

列車番号	列車種別	始発駅名	発時刻	終着駅名	日付	着時刻	編成							
							展望	座1	座2	座3	寝1	寝2	寝3	食堂
402		長野	1728	新宿	翌日	500			●	●				
404		長野	1930	新宿	翌日	610			●	●		●		
303		名古屋	2140	新潟	翌日	1212			●	●				
811		名古屋	2330	長野	翌日	649			●	●		●		
811/422*		名古屋	2330	甲府	翌日	735			●	●				
812		長野	2153	名古屋	翌日	603			●	●		●		
429/812*		甲府	2035	名古屋	翌日	603			●	●				
304		新潟	1600	名古屋	翌日	714			●	●				

443*＝不定期、811/422*＝塩尻で811列車を分割、新宿行き422列車に併結、429/812*＝新宿発塩尻行き429列車に甲府で名古屋行き編成を併結、塩尻で812列車に併結

東北・奥羽本線

101	準急	上野	1330	青森	翌日	712			●	●		●		和
201*	急行	上野	1900	青森	翌日	745			●	●		●	●	和
107		上野	2045	青森	翌日	1502			●	●				
405*	急行	上野	2200	青森	翌日	1654			●	●		●	●	和
105		上野	2220	青森	翌日	1648			●	●		●	●	和
205*		上野	2230	仙台	翌日	607			●	●				
403*		上野	2315	青森	翌日	2101			●	●				
403/903*		上野	2315	新潟	翌日	1021			●	●		●		
203*		上野	2320	青森	翌日	1848			●	●				
109		上野	2340	小牛田	翌日	1107			●	●				

201*、205*、203*＝常磐線経由、205*＝不定期、405*、403*＝奥羽本線経由、903*＝上野～郡山間は不定期、運休時は403列車に併結、郡山から磐越西線経由

110		青森	840	上野	翌日	458			●	●				
204*		青森	1050	上野	翌日	550			●	●				
404*		青森	855	上野	翌日	612			●	●				
904/404*		新潟	1920	上野	翌日	612			●	●		●		
206*		仙台	2237	上野	翌日	615			●	●				
106		青森	1300	上野	翌日	647			●	●		●	●	和
406*	急行	青森	1250	上野	翌日	750			●	●		●	●	和
108		青森	1530	上野	翌日	930			●	●				
202*	急行	青森	2200	上野	翌日	1025			●	●		●	●	和
102		青森	2245	上野	翌日	1614			●	●		●		

204*、206*、202*＝常磐線経由、206*＝不定期、404*、406*＝奥羽本線経由、904*＝磐越西線経由、郡山～上野間は不定期、運休時は404列車に併結

北海道方面

1/201*	急行	函館	1320	稚内港	翌日	648			●	●		●	●	和
501		函館	1400	網走	翌日	1008			●	●		●		
405		函館	2310	釧路	翌日	1940			●	●		●	●	和
205*		函館	2340	稚内港	翌日	2039			●	●		●		
401		小樽	1955	根室	翌日	1346			●	●		●		
206*		稚内港	815	函館	翌日	540			●	●		●		
406		釧路	900	函館	翌日	625			●	●		●	●	和

夜行列車一覧　1934/昭和9年12月1日　——その②——

列車番号	列車種別	始発駅名	発時刻	終着駅名	日付	着時刻	編成 展望	座1	座2	座3	寝1	寝2	寝3	食堂
208*		鹿児島	1810	門司	翌日	833			●	●				

107/407*＝門司～鳥栖間は107列車に併結、231/18*＝231列車は日豊本線・吉都線・肥薩線経由、八代から18列車に併結、207*、208*＝日豊本線経由

北陸・信越・羽越・奥羽本線（日本海縦貫線）

列車番号	列車種別	始発駅名	発時刻	終着駅名	日付	着時刻	展望	座1	座2	座3	寝1	寝2	寝3	食堂
501	急行	大阪	1000	青森	翌日	725			●	●		●	●	和
503		大阪	2020	青森	翌日	2336			●	●		●		
505		大阪	2210	新潟	翌日	1506			●	●				
507		大阪	2250	直江津	翌日	1309			●	●		●	●	
604		米原	730	上野	翌日	505			●	●				
602	急行	金沢	1915	上野	翌日	700			●	●		●	●	
606		米原	1212	上野	翌日	730			●	●				
504		青森	530	大阪	翌日	830			●	●		●		
502	急行	青森	2225	大阪	翌日	1930			●	●		●	●	和
506		新潟	1355	大阪	翌日	731			●	●				
508		直江津	1540	大阪	翌日	558			●	●		●	●	
603		上野	2255	米原	翌日	1850			●	●				
605		上野	2350	米原	翌日	2121			●	●				
601	急行	上野	2055	金沢	翌日	810			●	●		●	●	

信越本線・上越線・羽越本線

列車番号	列車種別	始発駅名	発時刻	終着駅名	日付	着時刻	展望	座1	座2	座3	寝1	寝2	寝3	食堂
601	急行	上野	2055	金沢	翌日	810			●	●		●	●	
301		上野	2145	新潟	翌日	1212			●	●				
703		上野	2235	秋田	翌日	1342			●	●		●		
703/713*		上野	2235	新潟	翌日	735			●	●		●		
309*		上野	2245	長野	翌日	525			●	●				
603		上野	2255	米原	翌日	1850			●	●				
709		上野	2330	新潟	翌日	921			●	●				
605		上野	2350	米原	翌日	2121			●	●				

601、301、309、603、605＝信越本線経由、703、709＝上越線経由、703/713*＝新潟行き713列車は新津まで703列車に併結、309*＝不定期

列車番号	列車種別	始発駅名	発時刻	終着駅名	日付	着時刻	展望	座1	座2	座3	寝1	寝2	寝3	食堂
310*		長野	2058	上野	翌日	445			●	●				
604		米原	730	上野	翌日	505			●	●				
710		新潟	2030	上野	翌日	539			●	●				
704		秋田	1500	上野	翌日	634			●	●		●		
714/704*		新潟	2130	上野	翌日	634			●	●		●		
602	急行	金沢	1915	上野	翌日	700			●	●		●	●	
606		米原	1212	上野	翌日	730			●	●				
302/606*		新潟	1800	上野	翌日	730			●	●				

310、604、606、602、302＝信越本線経由、704、710＝上越線経由、714/704*＝714列車は新津で704列車に併結、302/606*＝302列車は直江津で606列車に併結、310*＝不定期

中央本線

列車番号	列車種別	始発駅名	発時刻	終着駅名	日付	着時刻	展望	座1	座2	座3	寝1	寝2	寝3	食堂
401		新宿	2245	長野	翌日	810			●	●		●		
443*		新宿	2335	甲府	翌日	355				●				
403		新宿	2355	長野	翌日	1010			●	●				

夜行列車一覧　1934/昭和9年12月1日　——その③——

列車番号	列車種別	始発駅名	発時刻	終着駅名	日付	着時刻	編成							
							展望	座1	座2	座3	寝1	寝2	寝3	食堂
502		網走	1910	函館	翌日	1552			●	●		●		
202/2*	急行	稚内港	2215	函館	翌日	1623			●	●		●	●	和
402		根室	1500	小樽	翌日	830			●	●		●		

201*、205*、206*、202*＝室蘭本線経由、1/201*＝201列車は長万部まで1列車に併結、202/2*＝202列車は長万部で2列車に併結

＊鉄道省編纂『汽車時間表』昭和9年12月号より作成。12時間制を24時間制で表記。
食堂車は洋食、和食の別があった

第3章　再発展期

――ブルートレイン誕生

石炭不足とインフレに泣いた戦後復興

１９４５（昭和20）年8月15日、日本は連合国に無条件降伏した。これにより長い戦争に終止符を打ったが、戦災による国土や社会の疲弊はひどく、生産能力は戦前の10パーセント以下に減退、事実上活動を停止しているような状況だった。

国鉄では戦災によって軌道の5パーセント、建物20パーセント、車両10パーセント、連絡船65パーセントなどを失うといった被害を受けていた。数値で見ると連絡船は別として軽度な被災にも思えるが、実態は戦時中の酷使によって線路や車両の状態は極度に悪化、動くのがやっとというような状況だったのである。

ちなみに当時の旅客輸送の要となっていた客車の場合、約1万８００両所有していたが、休車や廃車予定車、戦後すぐ連合軍輸送用に接収されたものを除くと約８４００両。ただし、そのうちの2割は不完全車で、実際に運用できるのは約６６００両しかなかった。そのため、貨車を客車の代用として使うことすらあり、これは８４０余両を数えている。

輸送力復旧のためには、とにかく施設および車両の復旧が第一とされ、応急的な措置ではあったが翌年末ごろまでに列車運転に支障のない程度まで復旧している。

こんな状況下、１９４５年9月には財団法人の日本交通公社から全国版『時刻表』が発行された。時刻表では珍しい誤植も散見されるが、終戦直後にこのような冊子を印刷・発行できたことに驚く。結局、同年に発行された全国版『時刻表』はこの1冊だけだった。

この時刻表によると、終戦時点では同年6月10日に改正されたダイヤを基本として運行されていたことがわかる。戦前の鉄道黄金時代に比べて列車本数は激減しているが、夜行となる長距離列車も70本程度設定されていた。

ただし、急行列車は東京～下関間1往復だけで、ほかはすべて各駅に停車する普通列車だった。ちなみに所要時間は急行で24時間30分。東京～博多間で運行されていた普通扱いの第33列車は下関まで29時間45分、終点の博多までは33時間31分となっている。

このように乗車時間は長かったが、列車に使用された車両は座席車のみ。食堂車や寝台車は1往復の急行にすら連結されなかった。長距離列車の場合、3等座席車だけでなく、かろうじて2等座席車も組み込まれていたが、これが唯一の優等サービスだったのである。

戦時中に本州と九州を結ぶ関門トンネルが開通し、東京～鹿児島間1479・0キロを結ぶ日本最長距離列車も誕生していたが、これは6月10日改正時点で寸断されていた。閑散時間帯で列車を間引くための措置とされているが、長距離列車の場合、途中の遅延などトラブルが起こると広範囲に影響が出てしまい、それを最小限に抑える狙いもあったようだ。

こんな状況ではあったが、国鉄は国家の再建に向けた重責を担わねばならなかった。

戦争の終結を境に輸送需要は大きく変化し、まずは軍隊の復員や疎開者の帰省など膨大な旅客輸送が必要となった。もちろん、民生安定のための貨物輸送も必須とされた。

復員軍人や民間邦人など海外からの引き揚げ者は629万人(厚生労働省統計)におよんだ。帰還は1945年10月ごろから随時開始され、船舶で博多、佐世保、舞鶴、浦賀、仙崎、大竹などの港に入り、ここから国鉄の列車で郷里へと向かった。国鉄では東海道・山陽・九州、あるいは北陸・上信越・東北の各線に引き揚げ者向けの不定期列車を設定、入港に合わせて波動的な輸送を行っている。これは1946年をピークに順次各地域で終了、1947(昭和22)年には旧ソ連地域残留者数十万人を除いてほぼ完了した。

また、国内の疎開者は東京からの学童集団疎開が多く、国鉄では東京都の要請によって10月から約27万人を帰省させている。ただし、後述のように12月には石炭不足により列車の運行が削減され、学童疎開の東京復帰は翌年3月の完了となった。こんな状況のため、実際には集団復帰を待たずに個人で引き揚げた児童も数万人におよんだという。

このような特殊な輸送を行いつつ、国鉄では1945年11月20日に戦後初のダイヤ改正を実施した。これは民生安定・戦後復興を目的として前年10月ぐらいの運行状況まで復帰をめざすものだった。ここでは急行列車および長距離列車の復活も行われ、急行は9往復設定されている。ただし、不定期列車としての設定も多く、ここでは運休が続き、実際には6往復程度の運転となっている。

また、このころから列車の運行に欠かせない蒸気機関車の燃料となる石炭不足が深刻化していった。これは戦争によって石炭生産量が激減、さらに冬季に入って暖房向けの需要が増したことによるもので、「石炭飢饉」とも呼ばれている。これによりダイヤ改正から約1か月後の12月15日には旅客列車50パーセント、貨物列車31パーセントの削減を余儀なくされた。さらに旅客列車では12月21日に20パーセント削減、12月24日にも13パーセント削減が実施され、終戦直後にもおよばない状況となってしまった。

荷棚には多くの荷物、３人掛けも行われていた1946年当時の夜行列車（『日本国有鉄道百年写真史』より）

年が明けた１９４６（昭和21）年1月から石炭事情がやや好転、数次にわたって緩和が実施され、２月25日には前年11月ダイヤ改正時点にほぼ復帰している。ただし、この石炭不足はその後も毎冬発生、その都度、列車削減が実施されているが、１９４７年1月には急行列車の運転中止と2等車の連結停止も行われる深刻な事態となった（同年6月までに復帰）。

一方、復興をめざしたダイヤ改正はこうした状況下でも進められ、１９４６年2月25日、１９４７年6月21日（実施は列車や地域によって異なり、7月5

日にかけて行われている）まで3次にわたって戦前レベルの列車復活をめざした。

１９４８（昭和23）年7月1日には戦後初となる全国的な大時刻改正が行われた。これは戦後の特殊な旅客輸送が一段落したところで新たな客貨の輸送需要に応じたもので、車両の効果的な運用や職員の合理的配置、そして輸送力に弾力を持たせるための不定期列車の大幅な設定も盛り込まれた。

これにより旅客・貨物とも輸送力は著しく改善されたが、その一方で今度は石炭の炭質悪化による火力不足から約10パーセントの速度低下も余儀なくされていた。これは夜行を含む長距離列車への大打撃となった。その結果、急行列車は所要時間が増え、また準急行（準急）への置き換えも実施されている。この時代、上越線、奥羽本線福島～米沢間、東海道本線沼津～静岡間などの電化も実施されているが、これは動力近代化という旗印の裏に実は石炭節約という深刻な事情もあったのである。

なお、１９４８年11月10日から東京～大阪間の急行11・12列車（寝台急行「銀河」のルーツとなる列車）に寝台車が連結されるようになり、これが戦後の寝台車復活の幕開けとなった。ここでは戦後初めて新製された寝台車のマイネ40形（のちマロネ40形）1等寝台車が起用され、寝台は2人用個室（3室）、開放寝室（8区画）となっていた。当初は「特別寝台車」と呼ばれ、翌年5月1日から1等寝台車と改称されている。

また、同年12月15日には東京～鹿児島間急行1・2列車、上野～青森間急行２０１・２

02列車、函館～旭川間急行1・2列車にも同じくマイネ40形を使用した特別寝台車（同じくのち1等寝台車）が連結されるようになった。なお、201・202列車および北海道の1・2列車に連結された特別寝台車は、青森～函館間を青函連絡船で航送され、上野～札幌間を直通運転している（本章「鉄道連絡船で客車航送」131頁参照）。

また、戦後は経済秩序の混乱などからインフレーションも進行した。物価の高騰も著しく、戦前を基準とする東京卸売物価指数は1945年度が479だったのに対し、1946年度959、1947年度3127、そして1948年度は8861と暴騰している。

この物価高騰は国鉄の運営にも大きく影響した。特に列車運行の燃料となる石炭は、国鉄物件費の3分の1を占めているが、1947年7月で戦前の133倍、1948年7月には331倍となった。実は1947年7月にインフレーションの抑制として「新物価体系」が閣議決定されているが、ここで一般物価は60～65倍と策定されており、石炭はそれを超える高騰だったのである。

結果として創業以来赤字を出したことのなかった国鉄は、1945年度に初めて営業係数100を超える126・1となり、1946年度164・8、1947年度146・0、1948年度は139・8となった。ちなみに営業係数とは100円の収益を上げるのにかかる費用のことで、1945年度は126・1円かかり、26・1円の赤字となるわけだ。

この赤字を是正するため、1946年3月1日から運賃・料金の改定も数次にわたって

寝台料金の変遷

1945/昭和20年9月1日現在

種別		価格
1等寝台	上段	40円
	下段	55円
2等寝台	上段	17円
	下段	24円

＊寝台は1944年4月1日で全廃されたが、制度としては継続

1946/昭和21年3月1日改定

種別		価格
1等寝台	上段	75円
	下段	100円
2等寝台	上段	35円
	下段	45円

1947/昭和22年3月1日改定

＊寝台料金は改定せず

1947/昭和22年7月7日改定

＊寝台料金は改定せず

1948/昭和23年7月10日改定

種別		価格
1等寝台	上段	260円
	下段	350円
2等寝台	上段	120円
	下段	160円

1949/昭和24年5月1日改定

種別			価格
1等寝台	特別室	上段	2250円
		下段	3000円
	普通室	上段	1200円
		下段	1500円
2等寝台	特別室	上段	1200円
		下段	1500円
	普通室	上段	800円
		下段	1000円

1950/昭和25年1月1日改定

＊寝台料金は改定せず

1951/昭和26年11月1日改定

種別			価格
1等寝台	特別室	上段	2250円
		下段	3000円
	普通室	上段	1500円
		下段	2000円
2等寝台	特別室	上段	1200円
		下段	1500円
	普通室	上段	1000円
		下段	1300円

1953/昭和28年2月1日改定

＊寝台料金は改定せず

1954/昭和29年4月1日改定

種別			価格
1等寝台	特別室	上段	2700円
		下段	3600円
	普通室	上段	1800円
		下段	2400円
2等寝台	特別室	上段	1440円
		下段	1800円
	普通室	上段	1200円
		下段	1560円

1955/昭和30年7月1日改定

種別			価格
2等寝台	A室	上段	2160円
		下段	2760円
	B室	上段	1680円
		下段	2160円
	C室	上段	1200円
		下段	1560円

＊1等寝台を2等寝台に格下げ、再整理

1956/昭和31年3月20日新設

種別		価格
3等寝台	上段	720円
	中段	840円
	下段	960円

＊3等寝台新設

行われていくことになる。

運賃の上昇はすべての利用者に関わる問題だが、なかでも夜行列車として運行されている長距離列車では寝台料金と急行料金の値上げがその上にのしかかってくる。

寝台車は、戦時体制ということで１９４４（昭和19）年４月に連結をやめていたが、料金制度はそのまま継続していた。寝台車の連結再開は先述のように１９４８年11月10日からとなるが、すでに１９４６年３月１日時点で改定が実施されている。その後の料金改定時は据え置きとされたが、連結再開を前にした１９４８年７月10日には改定となった。この料金は戦前からの継続で１等と２等で設定されているが、２等寝台車の連結再開は１９４９（昭和24）年12月17日からとなった。

なお、１９４９年には寝台を個室タイプの「特別室」、開放タイプの「普通室」と区分するかたちで新たな料金体系が組まれ、昭和20年代はこのスタイルで改定が続いている。

先述の「新物価体系」もあって簡単に論じることはできないが、１９４８年から１９４９年にかけて寝台料金はひと桁増え、およそ10倍の値上げとなった。それまでが安すぎたのかも知れないが、驚くべき値上げとなっている。

急行料金も１９４６年３月１日時点で改定が実施された。戦前に続く等級ごとの価格設定だったが、同年７月には「普通急行」と「準急行」に分けて、さらに前者は利用距離によって価格を変動、後者は距離にかかわらず定額とされている。なお、翌年には準急にも距離制が採用された。

「特別急行」は1944年4月に姿を消していたが、1949年9月15日から東京〜大阪間の「へいわ」として復活することになった。この復活に先駆けて同年5月1日の改定で特急の価格も設定されている。この時、寝台料金ほどではないものの普通急行や準急も値上げされており、特急復活を予想して喜ぶどころではなかっただろう。

なお、「へいわ」をはじめ、それを改称した「つばめ」、追って誕生した「はと」「かもめ」など昭和20年代の特急はすべて昼行列車としての運転で、夜行の特急が復活するのは1956（昭和31）年11月まで待たねばならない。

翻弄されながらも新機軸を残した連合軍輸送

1945（昭和20）年8月15日の終戦によって日本の政治や経済は連合国の管理下に置かれることになり、国鉄をはじめとする国内の鉄道もその管理下となった。この連合国による管理は、連合軍が日本に駐屯し、実務を担当している。

鉄道の管理は、連合軍による対日管理の一般方式に従い、運営はそのまま日本側に委ねられ、それを監督するものだった。ただし、新たな計画や政策については連合軍総司令部（GHQ）が発し、その指示に協力する義務を負うかたちとなった。

これは前項で紹介した復員輸送や疎開復帰輸送のみならず、列車復活をめざすダイヤ改正についてもすべて連合軍総司令部の許可を得て行われ、また、車両不足を補う車両製造や石炭不足から石炭節約を狙う電化についてもその都度許可を仰いでいる。

連合軍からはこうした日本側の輸送や計画の管理に留まらず、連合軍向け輸送の指示も出された。終戦から半月後には日本各地で連合軍の本格的駐屯が始まり、すべてに優先される至上命令によって連合軍の鉄道輸送が始まったのである。

連合軍の輸送内容は、兵員や兵器に始まり、燃料、駐屯施設を構築する資材など多岐におよんでいる。輸送に使用する車両のうち客車・貨車などについては専用車両が指定され、1947（昭和22）年までに客車約900両、貨車約1300両が指定されている。

客車の場合、まずは高級将校用として1等寝台車、2等寝台車、展望車、食堂車の接収が指示された。これらは1944（昭和19）年4月までに連結中止となっていた車両で、その後は各地に留置、あるいは転用されていた。国鉄ではこれらを掻き集め、整備のうえ供出したのである。連合軍からは、これらの整備や管理、清掃などについても細かく指示が出された。窓ガラスの替えがなく板張りになっていた日本人向け客車に対して、まるで新製車両のような美しさで運行されたのである。

このような車両で組成された専用列車もあったが、一般の日本人向け列車に専用車を連結したり、客室の一部を連合軍専用とした区画を設けたりするものも多かった。これは指定部分に白帯が入ったことから「白帯車」とも呼ばれた。大混雑で荒廃していた一般区画とは雲泥の差で、当時を知る方からは「ここで敗戦を自覚させられた」とも伺った。

連合軍の駐屯は順調に進み、1946（昭和21）年には個人で旅行する軍人や軍属、その家族の移動に供する連合軍専用列車の運転も始まった。毎日運転の定期列車としては、東京～九州間2往復、東京～北海道間1往復が設定されている。

まず1月31日から東京～門司間の1005・1006列車が運行を開始した。一連の専用列車には愛称も掲げられ、これは連合軍を象徴して「Allied Limited」と命名されている。なお、1005・1006列車は門司着発となっていたが、2等寝台車など一部の客車は門司から米軍の拠点となった佐世保まで一般列車に併結するかたちで直通運転している。その後、3月13日からは1005・1006列車と運行時間帯をずらした東京～博多間の1001・1002列車「Dixie Limited」も運転を始めた。

また、2月11日には上野～青森間の1201・1202列車、函館～札幌間の8003・8004列車も設定された。運転時刻は下りが上野22時00分発、青森翌日18時20分着、函館22時50分発、札幌翌日11時00着。上りは札幌19時30分発、函館翌日6時00着、青森12時00発、上野翌日7時30分着だった。青森～函館間は青函連絡船に乗り換えるスタイルだったが、連合軍からその手間をなくすべく乗客を乗せた状態での客車航送が指示され、4月22日から上野～札幌間直通の1201・1202列車「Yankee Limited」となっている。

実際には編成全車両の航送ではなく、直通したのは1等寝台車と荷物車だけで、座席車や食堂車は本州側と北海道側でそれぞれ仕立てられた。青函連絡船に乗り換える時間帯は深夜ではなく、下りは宵のうち、上りは朝で、荷物車は別としてあえて航送を選ぶほどのことはないようにも思えるが、こうした連合軍側からの指示は至上命令だったのである。

ともあれ、これが日本の鉄道連絡船で初めてとなる営業一般客車の航送で、この経験がのちに日本人向け列車航送の布石にもなった。

この連合軍定期専用列車は、１９４７（昭和22）年末にかけて東京～京都間の１００７・１００８列車「Rest Captrain」、東京～大阪間の１００９・１０１０列車「Osaka Express」、東京～呉間の１０１１・１０１２列車「BCOF Train」、上野～田口（現・妙高高原）間の１３０３・１３０４列車「Rest Captrain」など日本各地で設定が続いたが、その後は徐々に廃止されていった。

１９５１（昭和26）年のサンフランシスコ平和条約締結をもって連合軍による日本の管理は終焉を迎える。鉄道の管理体制も変わり、翌年からは運行の続いていた連合軍定期専用列車を「特殊列車」と呼び変え、編成の一部車両で日本人も利用できるようになった。この時、「Allied Limited」などの列車名も廃止されている。

さらに１９５４（昭和29）年10月1日からこの「特殊列車」は日本人が乗る普通の急行列車にすべて転換され、１００１・１００２列車は「西海」、１００５・１００６列車は「早鞆《はやとも》」、１２０１・１２０２列車のうち東京～青森間は「十和田」、函館～札幌間は「洞《とう》爺《や》」となっている。いずれも設定時間帯がよかったため、一躍人気列車となった。

なお、1950（昭和25）年から1953（昭和28）年にかけて勃発した朝鮮戦争では、日本に駐屯していた連合軍も動員された。この時、兵員輸送用の寝台車が不足し、座席車の座席を撤去、窓側に折りたたみ式の2段ベッドを取り付けた簡易寝台車も登場している。これは接収解除後、座席車に復元されたり廃車されたりで、日本人向けへの活用はなかった。

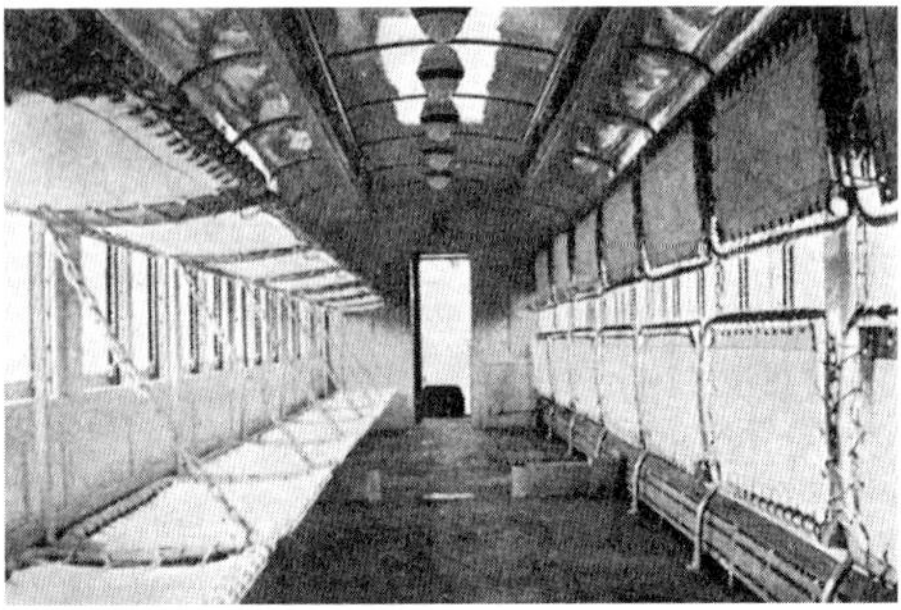

兵員輸送用に座席車を改造してつくられた簡易寝台車（『日本国有鉄道百年史 第11巻』より）

夜行急行「銀河」の誕生

日本の国鉄は1872（明治5）年の創業時より官設官営の国営事業として営まれてきたが、運営組織などの推移もあり、時期によっては官設鉄道、国有鉄道、あるいは鉄道省による省線電車などと呼ばれながら継続してきた。

戦後、復興に向けた日本の改革のなかで「公共企業体」という仕組みが構築され、国鉄は1949（昭和24）年6月1日から公共企業体「日本国有鉄道」として再発足することになった。公共性の高い、より効率的な組織への改変をめざし、独立採算制なども組み込まれた。もちろん、こうした施策も連合軍総司令部（GHQ）からの指示によるものだった。

実は公共企業体の創設には労働問題への対応という側面もあり、発足直後の国鉄では大量の解雇が行われ、その荒療治に対する反発も強く、多難な歩み出しとなった。

一方、このころ施設や車両の戦後復興はかなり進捗しており、こうした国鉄再建の象徴として1944（昭和19）年から途絶えていた特別急行列車の復活を願う声も大きくなっていた。それに応えるように、国鉄では新生組織誕生前の3月から戦後新開発のEF58形電気機関車などを使用した試運転も実施、東京～大阪間9時間運転の可能性を確認した。新生国鉄となった後の1949年9月15日に全国規模のダイヤ改正を実施、その時から「へいわ」という名称で東京～大阪間の特急運転が始まった。翌年には列車名を「つばめ」と改め、さらに姉妹列車の「はと」も増発されている。

このダイヤ改正では急行や準急も数多く設定されている。特急「へいわ」は東海道を日中駆け抜けたが、これらの大半は夜行列車、あるいは昼夜を通じて運行される列車となっていた。また、「へいわ」は食堂車を連結したが、前年から東京～鹿児島間を結んでいた急行1往復にも食堂車が連結され、これらが戦後の食堂車復活第1号となった。

東京～大阪間の需要は多く、特急「へいわ」のほか、東京～九州間を結ぶ急行などがこれを補完していたが、このダイヤ改正では東京〜大阪間を結ぶ急行も3往復設定されている。

内訳は1945(昭和20)年11月20日から運転していた1往復(1949年9月15日ダイヤ改正時は15・16列車)、1948(昭和23)年7月1日に設定された不定期1往復(結果的に毎日運転。同13・14列車)、1949年9月15日新設1往復(同17・18列車)で、いずれも夜行だった。

このうち15・16列車は、連合軍関係者の利用も多いことから1948年11月10日(当時は10・11列車)から1等寝台車(当時は特別寝台車と呼称)を連結していたが、1949年6月に編成の組み替えがあり、座席車ながら1等と2等だけの豪華編成となっていた。

その格調を象徴するかのように1949年9月15日のダイヤ改正時に「へいわ」とともに「銀河」という列車愛称が付けられた。急行に対する正式な列車名はこれが最初となる。名称は国鉄部内で決められたようだが、夜行列車にふさわしいネーミングで、2008(平成20)年に廃止となるまで東海道夜行急行として半世紀以上にわたって活躍している。なお、このダイヤ改正時では使用されなかったが、国鉄部内では13・14列車に「明星」、17・18列車に「流星」という名称も試行している。

「銀河」では、命名9日後の9月24日から3等座席車と1等寝台車が連結されるようになった。1等・2等だけと豪華編成を売りにした列車ではあったが、ほかの急行の3等車の混雑がひどく、その救済として1等寝台車の復帰とともに編成に加えたようだ。また、部内で「流星」と呼ばれていた17・18列車では同年12月17日から2等寝台車が連結されるようになった。これが戦後の2等寝台車復活の最初となった。

翌1950（昭和25）年10月1日にも全国を対象とした大がかりなダイヤ改正が実施された。ここでも急行や準急の大増発と速度向上が織り込まれた。東京〜熊本間の31・32列車、東京〜長崎間の35・36列車をはじめ、東海道・山陽本線、東北・常磐・奥羽本線、日本海縦貫線、北海道などで多数の夜行急行・準急が運転を開始している。また、昼夜をかけて長距離を結ぶ普通列車の設定も増えた。

新設された急行列車名　1950/昭和25年11月2日

列車名	運行区間	列車番号
銀河*	東京〜大阪	13・14
明星	東京〜大阪	11・12
彗星	東京〜大阪	15・16
大和	東京〜湊町	201・202
安芸	東京〜広島	39・40
筑紫	東京〜博多	37・38
阿蘇	東京〜熊本	31・32
きりしま	東京〜鹿児島	33・34
雲仙	東京〜長崎	35・36
青葉*	上野〜仙台	101・102
みちのく*	上野〜青森	201・202
北斗	上野〜青森	203・204
北陸	上野〜大阪	601・602
日本海	大阪〜青森	501・502

銀河*＝1949.9.15命名、青葉*、みちのく*＝昼行列車

ダイヤ改正から1か月後の11月2日（実施は11月8日から）、「銀河」（ダイヤ改正で13・14列車と変更）に続いて13もの急行列車に愛称が付けられた。夜行列車にふさわしく「明星」「彗星」なども起用されたが、地名を織り込んだものが多く、これは目的地を象徴して馴染みやすく利用者にも歓迎された。急行への命名はその後も続き、特

急・急行はすべて愛称付きとなり、やがて準急も愛称付きとなっていった。

この時代、客車の改良も進められた。ひとつは木造客車の鋼製化で、同時に17メートル級車体を20メートル級に大型化するものだった。おおよそ5両分の木造車から得られた資材を再活用して4両の客車を仕立てるもので、当時5860両あった木造車は1955(昭和30)年度までに3530両の鋼製車と生まれ変わっている。

また、優等車両のサービスアップということで、リクライニングシートの導入もあった。これは鋼体化改造と合わせて実施され、1950年4月から特急「つばめ」に組み込まれた。当初は1等車とする計画だったが、連合軍からの指示もあり、新たに「特別2等車」(通称・特ロ)という階級が設定されている。その後、特別2等車の新製も始まり、急行でも使用されるようになった。

また、急行での食堂車連結が始まったことで食堂車の需要も増え、1951(昭和26)年には全金属製で戦後初となるマシ35形食堂車が新製され、さらに石炭レンジに代わって電気レンジを導入したカシ36形食堂車も登場している。

1952(昭和27)年は鉄道開業80周年という節目で、記念式典も実施されている。このころは戦前の水準にほぼ回復しており、さらにそれを上回るべく新線建設も各地で進み、また急行や準急の活躍の場も幹線から亜幹線へと拡大していった。これらの新設急行・準急は日中の運転が多かったが、幹線では夜行列車の増発となっていったのである。

鉄道連絡船で客車航送

昭和63（１９８８）年春、本州と北海道を結ぶ「青函トンネル」、本州と四国を結ぶ「瀬戸大橋」が相次いで完成し、日本の鉄道は４島を直通運転できるようになったが、それまでこの区間は鉄道連絡船によって結ばれていた。

本州と北海道を結ぶ青函連絡船（青函航路）、同じく四国を結ぶ宇高連絡船（宇高航路）は、ともに大正期より貨車などの車両航送も実施していた。ここでは荷物車や郵便車といった客車の航送も行われて、さらに車内では航行中に仕分け作業なども行われていたが、一般の客車航送は回送車両だけだった。乗客は接続駅で列車から船に乗り換えていたのである。

乗り継ぎの手間を避ける、乗客の乗ったままの客車航送というアイディアもあったと思われるが、実現したのは終戦直後の１９４６（昭和21）年に設定された連合軍専用列車が最初だった（１２４頁参照）。その後、このサービスを日本人向けにも拡大すべく、１９４８（昭和23）年12月15日から上野～青森間急行２０１・２０２列車および函館～旭川間急行１・２列車に連結されるようになった特別寝台車（のち１等寝台車と改称）についても青森～函館間を青函連絡船で航送、上野～札幌間（寝台車は札幌で切り離しおよび連結）を直通するように設定された。

客車航送　1950/昭和25年10月1日

列車番号	急行201
上野（発）	935
仙台（発）	1602
盛岡（発）	1951
青森（着）	2350
青函航路	**1**
青森（発）	040
函館（着）	510
列車番号	**急行1**
函館（発）	550
札幌（着）	1200
（発）	1214
旭川（着）	1504
網走（着）	2225

列車番号	急行2
網走（発）	610
旭川（発）	1340
札幌（着）	1630
（発）	1645
函館（着）	2308
青函航路	**2**
函館（発）	2350
青森（着）	430
列車番号	**急行202**
青森（発）	515
盛岡（発）	938
仙台（発）	1327
上野（着）	2015

＊1等寝台車1両を上野～札幌間で直通運転

列車番号	準急307/507		
大阪（発）	2115		
岡山（発）	100		
宇野（着）	145		
宇高航路	**3**		
宇野（発）	225		
高松（着）	335		
列車番号	**13**		
高松（発）	410		
多度津（着）	454	**分割→**	**113**
（発）	504	多度津（発）	456
松山（着）	945	高知（着）	918
宇和島（着）	1403	須崎（着）	1045

＊大阪～岡山間は広島行き準急507列車と併結

列車番号	30		130
宇和島（発）	1322	須崎（発）	1606
松山（発）	1727	高知（発）	1739
多度津（着）	2216	多度津（着）	2217
（発）	2227		←併結
高松（着）	2320		
宇高航路	**20**		
高松（発）	2355		
宇野（着）	100		
列車番号	**準急508/308**		
宇野（発）	220		
岡山（発）	323		
大阪（着）	705		

＊岡山～大阪間は広島発準急308列車と併結

日本国有鉄道監修『時刻表 大改正号』昭和25年10月発行より作成

この客車航送を担当したのは、青函連絡船の戦災復興に向けて1947（昭和22）年から新造された4隻の洞爺丸型（洞爺丸、羊蹄丸、摩周丸、大雪丸）だった。この洞爺丸型では、車両甲板（車両を収納する場所）の客車停止位置の壁に起倒式の簡易ホームを設置、船首寄りに設置された航送客車旅客用のトイレ・洗面所とも行き来できるなど、客車航送に向けた構造となっていた。

1950（昭和25）年10月に発行された日本国有鉄道監修『時刻表 大改正号』を見ると、

上野～青森間急行201・202列車および函館～網走（運転区間を旭川から延長）間急行1・2列車には「一等車及寝台上野・札幌間」の注記が入り、客車航送される状況が記されている。急行1・2列車の運行区間は延長されていたが、航送客車は上野～札幌間の扱いだった。

時刻表巻末の編成表によると該当する1等車は「イネ」1両のみで、連合軍専用列車同様、乗客の乗った客車わずか1両が上野～札幌間を直通していたことになる。

ちなみにこの車両は、2人用個室（3室）、開放寝室（8区画）を備え、一般座席の設置はないマイネ40形1等寝台車だった。ただし、時刻表の注記では「一等車及寝台」とあり、編成表示にも「一等座席」とある。日中は開放寝室あたりを座席として提供していたようだ。

この急行201・202列車は1950年11月8日から「みちのく」、急行1・2列車は1951（昭和26）年4月1日から「大雪」と命名されたが、直後の5月9日に津軽海峡への浮遊機雷出現を受けて、青函連絡船は夜間航行中止という事態に陥った。これを受けて同日から連合軍専用列車の客車航送を中断、19日からは「みちのく」～「大雪」の客車航送も中断となった。

ちなみに連合軍専用列車は1952（昭和27）年4月1日から客車航送を再開したが、「みちのく」～「大雪」の航送再開はなく、そのまま廃止されてしまった。

なお、この1952年4月1日から連合軍専用列車は「特殊列車」と体制を変え、日本人も利用できるようになっている。さらに青函連絡船を挟んで運行されていた特殊列車は、1954（昭和29）年10月1日から東京～青森間が「十和田」、函館～札幌間が「洞爺」となり、「十和田」～「洞爺」で客車航送が続いた。

この客車航送サービスは宇高連絡船でも実施されている。

1950年2月に四国～本州間で6両編成の団体専用臨時列車が運行され、2月24日には高松から宇野まで宇高連絡船でそのまま航送された。高松の出航時刻は19時で、宇野には20時過ぎの入港となった。格段乗り換えが苦になる時間帯ではないが、団体ゆえ徒歩移動を極力避けようという心遣いだったようだ。これは大きな評判となり、やがて定期便としての運航も期待されるようになった。

こうした声を受け、国鉄では同年10月1日のダイヤ改正を機に宇高連絡船で乗客を乗せた定期的な客車航送も行うようになったのである。

宇高連絡船の場合、団体専用臨時列車の経験を活かして1便に対して客車6両を積載することになった。ただし、船舶数や港湾設備の制約から客車航送は1日1往復のみとされた。対象列車は、乗り換えなしの利便性が効果的に発揮できる、瀬戸内海を深夜帯に渡る設定とされた。これに合わせて本州側では大阪～宇野間に準急として新設、四国側は途中の多度津《たどつ》で予讃本線と土讃本線に分割、宇和島および須崎へと連絡する普通となった。特に大阪発は21時15分、大阪着は朝の7時05分と大阪側での有効時間が工夫されていた。

不思議なことに先述の日本国有鉄道監修『時刻表 大改正号』では、青函連絡船の客車航送が記載されているものの宇高連絡船には触れられていなかった。それでも口コミがあったのか利用客は増え続け、１９５４（昭和29）年度には年間45万人に達している。客車６両の定員は４３２名なので、単純計算で定員の約１・４倍となる。繁忙期ともなれば相当な混雑になったと想像される。

こうして誕生した客車航送だったが、１９５４年９月26日には台風15号によって青函連絡船が多大な被災を受ける。ここでは客車航送に起用されていた洞爺丸をはじめ５隻が沈没、１０００名を超える犠牲者を出してしまった。国鉄戦後五大事故のひとつに数えられる「洞爺丸事故」である。これを機に青函連絡船での寝台車航送は中止となった。

また、宇高連絡船でも１９５５（昭和30）年５月11日、濃霧によって１５０名以上の犠牲を出す「紫雲丸事故」が起こった。やはりこれを機に好調だった宇高連絡船の客車航送も中止された。

新しいサービスとして始まった客車航送だったが、相次いで起こった不幸な事故により、わずか数年間で終焉を遂げることになったのだ。

「軽量客車」の開発

１９５０（昭和25）年に勃発した朝鮮戦争は、いわゆる特需景気を生み出し、長い戦争で疲弊していた日本経済を再生へと導くことになった。さらに1952(昭和27)年には「サンフランシスコ平和条約」こと対日講和条約も発効して、日本の主権も復活した。こうしたことによって日本の経済活動は活発になり、1954(昭和29)年に始まる神武景気、1958(昭和33)年に始まる岩戸景気と進みながら高度経済成長期へと入っていった。

こうした状況を象徴するように1956(昭和31)年に発行された『昭和31年度版 経済白書』には、敗戦後の産業界の復活と発展状況を分析して「もはや戦後ではない」と記されたのだ。

国鉄では戦後復興の進捗と高度経済成長によって増えてきた人流や物流を支えるべく、輸送力の増強に力を注いでいた。そのひとつが1953(昭和28)年から重要技術課題のひとつとして取り組んできた「車両の軽量化」である。車両を軽量化すれば、連結両数の増大がはかれ、列車の高速化や軌道保守の費用や手間を減ずることが期待できる。これは客車に限ったことではなく、電車や気動車でも広く必要な技術だった。

当時、長距離列車向けの80系電車も登場していたが、その運用は電化が完了していた一部区間に限られ、全国的な人流を支えるのは客車列車だった。

国鉄の客車構造は、大正〜昭和初期に木造から鋼体へと進化し、また車体の大型化も進み20メートル級が基本となった。結果として車体重量が嵩《かさ》んだのである。鋼体の組立法をリベットから溶接に替えて軽量化も進めていたが、車両形式表記では「オ」(32・5トン以上、37・5トン未満）や「ス」（37・5トン以上、42・5トン未満）、さらに寝台車や食堂車では「マ」（42・5トン以上、47・5トン未満）となる重量級となってしまっていた。

車両重量が嵩めば、加速しにくく、最高速度の維持にも力が必要となる。また、勾配路線でも不利となる。かくして客車の軽量化は必須の課題となったのである。

客車の場合、１９５５（昭和30）年に8両の試作車（ナハ10形９００番台）がつくられた。軽量化は車体構造のみならず、台車や艤装などすべてが抜本的に見直され、従来車両に比べて30パーセントも軽い23トンを実現した。客車の形式表記では、車両の自重に乗客１人を50キロとして定員分、さらに水などの重量として１トンを加えて示すため、この試作車は「ナ」（27・5トン以上、32・5トン未満）となっている。

この試作車は予想通りの成果を上げ、「軽量客車」あるいは10系客車と呼ばれるシリーズへと発展していく。

この軽量客車では、しばらく途絶えていた3等寝台車も開発されることになった。３等寝台車は昭和初期に開発され、１９３２（昭和７）年から側廊下３段式のスハネ３０１０0形として１１０両が導入されている。ただし戦時中の輸送力を確保するため、すべて座席車に改造されてしまっていた。つまり10系客車開発時点では3等寝台車はなかったのだ。ちなみにスハネ３０１００形改造の座席車は、昭和30年代に入ってから寝台車へと復元され、スハネ30形、スハネフ30形として使用されるようになっている。

軽量客車の寝台車でも、スハネ30100形で使用された側廊下3段式を踏襲することになったが、車内の居住性をよくするため、車体断面を車両限界いっぱいに広げ（最大幅2800ミリ→2900ミリ、最大高4020ミリ→4090ミリ）、車体長も連結面間で20・5メートル（従来は20メートル）とした。また、トイレや洗面台の配置も調整し、寝台数を54から60へと増やしている。寝台の大きさは1900×520ミリと30000形と変わらなかったが、側廊下の幅は682ミリ→775ミリと拡大し、荷物を持った乗客の通行や、寝台で使うリネン品の移送作業も楽になった。

この3等寝台車は、1956（昭和31）年から室内白熱灯式のナハネ10形として110両の量産が始まり、1957（昭和32）年からは蛍光灯を使用、車内レイアウトも見直した改良型のナハネ11形として74両製造された。ナハネ11形の場合、寝台数は54と減じている。これは3等寝台車の定員を54に揃え、予約管理をしやすくする狙いがあったが、寝台同士の間隔を広げることで居住性の改善にも役立っている。

寝台車では、このほかに2等寝台車オロネ10形、2・3等寝台車ナロハネ10形、さらには旧型客車の台枠を活用してナハネ11形に準じた車体を新製したオハネ17形なども登場、全体で600両に迫る大所帯となった。なお、オロネ10形以外は当初冷房がなく、のちに冷房化されて形式名もナハネ10形→オハネフ12形、ナハネ11形→オハネ12形、オハネ17形→スハネ16形、ナロハネ10形→オロハネ10形などと改称されている。

完成した軽量客車は1956年3月から東京〜鹿児島間の急行「きりしま」（同年11月から「霧島」）などに組み込まれて使用を開始、同年11月19日の東海道本線全線電化に合わせたダイヤ改正あたりから本格的に使われることになった。

なお、軽量客車の製造途上で「旅客列車は電車や気動車を主体とする」方針が決まり、1958（昭和33）年をもって10系客車の製造が打ち切られることになった。ただし、夜行列車については、編成を自由に組み換えられるなどといった特性や運行中の静寂性などから客車が有利と判断され、集中的に使われるようになった。

また、ナハネ10形が呼び水となって、3等寝台車の需要が急増した。そのため、一部の10系寝台車はその後も製造が続き、さらに先述の復元寝台車スハネ30形・スハネフ30形も導入されることになったのだ。結果として10系客車は、座席車・寝台車・食堂車・荷物車・郵便車など全体で1000両を超える車両が製造されたのである。

東海道本線全線電化完了

昭和20年代後半に始まった高度経済成長では「今後の成長は近代化によって支えられる」とも分析されていた。当然のことながら、これは国鉄に対しても与えられた課題であった。

国鉄の場合、戦後の復興はとにかく輸送力を維持する方向で進められ、輸送力増強に向けた施策を実施する余力がなかった。戦後10年を経たところでも、施設や車両の老朽化や荒廃は続いていたのである。この時代に相次いで起こった重大事故もこうしたことに起因する面が多かったのだ。

国鉄では1955（昭和30）年末に閣議決定された「経済自立5ヵ年計画」に即応すべく、翌年8月に今後5か年にわたる事業計画を策定した。のちに「第1次5カ年計画」と呼ばれる長期計画である。ここでは、

・車両の増備と老朽車両の取り換え
・施設の増強・近代化（線路増設、電化、電車化、気動車化、大都市通勤輸送の増強）
・保安度の向上

などがうたわれ、1957（昭和32）年度から実施に移された。

前項で紹介した「車両の軽量化」はこの計画で定められたものではないが、すでに緊急課題として動いていた。同様に長期計画に先駆けて動いていたのは東海道本線の電化だった。東海道本線は営業キロからすれば国鉄路線の約3パーセントに過ぎないが、日本経済を支える京浜・中京・京阪神を結ぶ最重要幹線で、輸送量は戦前より旅客・貨物ともに破格の需要があった。1955（昭和30）年当時で見ると国鉄全体の約4分の1を占め、その需要はさらに増加傾向にあったのである。

こうした需要を支えるべく、東海道本線では戦前から電化が進められてきた。戦後は1

９４９（昭和24）年２月に沼津～静岡間、同年５月に静岡～浜松間、１９５３（昭和28）年７月に浜松～名古屋間、同年11月に名古屋～稲沢間、１９５５（昭和30）年７月に稲沢～米原間と電化され、１９５６（昭和31）年11月19日にはついに東海道本線の全線電化が完成した。

国鉄では東海道本線全線電化を契機として、これを基軸として全国的なダイヤ大改正を実施、人流・物流の大きな改革を行った。

当時、東海道本線の看板列車として東京～大阪間に特急「つばめ」「はと」が運転されていたが、全線電化を象徴するように戦後に開発された新鋭ＥＦ58形電気機関車によるロングラン牽引となった。途中の機関車交換はなく、所要時間はそれまでより30分短縮の７時間30分となった。ちなみにこの時代、長距離列車と言えばすべて機関車牽引の客車列車だった。すでに長距離向けの80系電車も開発されていたが、ダイヤ改正時でも東京～浜松間に留まり、気動車による長距離列車も運行されていなかった。

この「つばめ」「はと」は昼行列車だったが、このダイヤ改正では戦後初めてとなる東京～九州間の夜行特急「あさかぜ」も登場した。従来、こうした列車では京阪神での利用も配慮されたが、「あさかぜ」では首都圏および中国西部から九州にかけての利便性に徹したダイヤ設定とし、さらに所要時間も東京～博多間で17時間25分としている。それまでこの間を結ぶ急行では22時間以上かかっており、それを４時間半以上短縮したのだ。

この「あさかぜ」でも電化区間はＥＦ58形が担当し、京都以西は関門トンネル以外、蒸気機関車による牽引だった。ちなみに東海道本線は全線電化、山陽本線も西明石まで電化されていたが、機関車交換の都合上、京都駅でのバトンタッチとなったのである。

ただし「あさかぜ」の高速化は、ＥＦ58形のロングランによってなし得ただけでなく、先に紹介した「軽量客車」の存在も鍵となっている。編成の大半はこの新型車両で組成され、これによってＥＦ58形の性能をフルに活かした高速運転ができ、また蒸気機関車牽引区間でも所要時間の短縮を果たすことができたのだ。

この軽量客車は昼行特急「つばめ」「はと」「かもめ」などでも起用されたが、主たる導入先はこの時代に数多く運行されていた急行列車だった。20系ブルートレイン誕生まで、国鉄の夜行列車を刷新する大きな存在となったのである。

なお、１９５６（昭和31）年11月19日の改正では、「あさかぜ」とともに運転を開始した東京〜西鹿児島（現・鹿児島中央）間（日豊本線経由）の急行「高千穂」についても記しておきたい。

これは１９５１（昭和26）年から東京〜都城間（日豊本線）を結ぶ急行「たかちほ」として運転を開始した列車が前身だ。「たかちほ」は東京〜日豊本線間初の直通列車だったが、単独ではなく東京〜熊本間の急行「阿蘇」に併結するスタイルで、のちに併結相手を東京〜博多間の急行「げんかい」に転じながらも大勢に変化のないまま推移していた。１

９５６年11月19日改正で一本立ちすることになり、列車名を漢字表記の「高千穂」に改めるとともに運転区間を西鹿児島まで延長したのである。結果として１５７１・５キロという日本でいちばん長い距離を走る旅客列車となった。

のちに寝台特急「富士」も同じルートで走るようになるが、「高千穂」の所要時間は下り31時間28分、上り31時間03分で、日本の列車としては破格の長時間運行となった。ごく簡単な記述だが、『日本国有鉄道百年史 第13巻』でもこの日本最長距離旅客列車「高千穂」の誕生について紹介されている。

このほか、この改正では日本各地で昼行急行が増発されているが、夜行の急行「彗星」「天草」「いわて」なども新設または増発されている。さらに夜行急行の場合、寝台車の連結も増え、東海道・山陽本線系統では「阿蘇」「西海」「高千穂」「霧島」「雲仙」「明星」「彗星」「筑紫」「安芸」「銀河」「瀬戸」「月光」「さつま」「出雲」「大和」「伊勢」「天草」「玄海」で寝台車を連結、夜行急行全盛時代とも言える活況を見せていたのだ。

「ブルートレイン」20系客車誕生

１９５６年11月改正で誕生した特急「あさかぜ」は、東京を18時30分に出発、深夜の東海道・山陽本線を駆け抜け、翌日の昼前に博多に到着するダイヤ設定だった。上り列車は約２時間早い設定だったが、いずれにせよ夜行となる。

この時代、寝台車だけで組成される列車はなく、夜行でも座席車を中心として寝台車を数両連結するパターンが多かった。しかし、この「あさかぜ」では10両編成のうち5両と半分を寝台車として、当時破格のサービスとしていた。ちなみに編成に組み込む3等寝台車・3等座席車は「軽量客車」こと10系客車を使い、製造が間に合わなかった2等車や食堂車ではそれ以前の旧型客車で代用していた。

特急「あさかぜ」はこんなつぎはぎ状態でのスタートではあったが、1944（昭和19）年3月末で運休となった「富士」以来12年半ぶりの九州連絡特急で、さらに高度成長期に入って人流も増えていたこともあり、一躍人気列車となった。翌年以降、特に需要の高かった東京～広島間で、増結車両を連結したこともある。

この「あさかぜ」に起用された10系客車は当時最新鋭の車両だったが、2等車の一部を除いて非冷房だった。当時はこれが当たり前のサービスレベルだったが、近い将来、それが見劣りする事態も予測された。実は東海道本線の全線電化完了を契機として、日本初となる特急形電車の開発が進められていたのである。こちらは昼行特急となるが、窓は開閉しない固定式で、冷暖房の空調を備えるものとして計画されていた。並行してやはり日本初の特急形気動車の開発も進められるが、こちらも冷暖房の空調を備えるものだった。

また、国鉄では、こうした電車や気動車による長距離列車の運転を本格化させるにあたって、スピードの必要な昼行列車は電車・気動車で運転、静寂性の必要な夜行列車は客車で運転といった使い分けも計画していた。

そこで国鉄では、特急形電車や特急形気動車に匹敵したサービスを提供できる、新たな特急形客車の開発も始めたのだ。

この特急形客車は１９５８（昭和33）年に完成し、同年10月１日から「あさかぜ」で運用を開始した。のちに元祖「ブルートレイン」と呼ばれる20系特急形客車である。

20系客車の最大の特徴は、ほかの客車と混結させない固定編成方式を採用したことだろう。編成の一端に電源車を連結し、冷暖房・照明など車内で使う電気はすべてここから供

最初のブルートレイン
1958/昭和33年10月1日

列車番号	7
列車種別	特急
列車愛称	あさかぜ
東京（発）	1830
横浜（着）	1854
（発）	1855
熱海（着）	1957
（発）	1959
浜松（着）	2154
（発）	2156
名古屋（着）	2316
（発）	2320
京都（着）	112
（発）	115
大阪（着）	148
（発）	149
姫路（着）	301
（発）	306
岡山（着）	418
（発）	421
尾道（発）	527
広島（着）	649
（発）	654
徳山（着）	829
（発）	832
三田尻（発）	859
下関（着）	1015
（発）	1019
門司（着）	1028
（発）	1032
博多（着）	1140

列車番号	8
列車種別	特急
列車愛称	あさかぜ
博多（発）	1650
門司（着）	1758
（発）	1802
下関（着）	1812
（発）	1816
三田尻（発）	1932
徳山（着）	1958
（発）	2001
広島（着）	2134
（発）	2139
尾道（発）	2303
岡山（着）	007
（発）	010
姫路（着）	122
（発）	127
大阪（着）	241
（発）	242
京都（着）	316
（発）	319
名古屋（着）	510
（発）	514
浜松（着）	633
（発）	635
熱海（着）	830
（発）	832
横浜（着）	935
（発）	936
東京（着）	1000

三田尻＝現・防府

＊日本交通公社『日本国有鉄道監修　時刻表』昭和33年11月号より作成

初代ブルートレインの20系客車（青山東男撮影）

給する「集中電源方式」という、日本では初の試みだった。

1958年当時、電化が完成していた幹線は東海道本線と山陽本線の一部に過ぎなかった。そこで中心となって活躍していたのは蒸気機関車である。蒸気機関車にも発電機は取り付けられているが、客車で使用するほどの容量は確保できない。そのため、客室で使用する電気は、客車の床下に搭載した蓄電池、あるいは台車に取り付けられた発電機によっていた。

しかし、こうした給電装置では照明がやっとで、冷暖房をまかなうには厳しい状態だった。それが、発電容量の大きな電源車によって安定した電力が確保され、これらのサービスが自由に行えるようになったのである。さらにこの方式なら牽引機関車の種類にかかわらず安定したサービスが行えるわけで、当時の運転事情からしてこの点も重要なポイントだった。

車体は、寝台の居住性を確保するため、高さ・幅ともに車両限界いっぱいに設定され、車体断面は屋根の深いかまぼこ状になった。窓は冷暖房を完備したことから固定式で、外側には熱線吸収ガラスを使用した複層構造となっている。また、窓が固定式になったため、客室には従来の車両にはなかった非常口も設けられている。

ドアは鉄道車両では珍しい折り戸で、手動式だった。ただし、鎖錠スイッチが設けられ、走行中に開けることはできないようになっている。なお、晩年にはドアエンジンが設けられ、自動的に開閉できるように改造された車両もあった。

20系客車で基本となる3等寝台車（のち2等寝台車）はナハネ20形だ。車内のレイアウトは10系客車と大差なく、側廊下に対して寝台を上中下3段、向かい合わせに配置していた。寝台の寸法も幅520ミリ、長さ1900ミリと同様で、これは後継の14系客車が登場するまで変わらない。20系客車はのべ470余両が製造されたが、このナハネ20形は座席車からの改造車も含め、260両を超える大所帯となっている。

20系客車の中でもっとも豪華な車両は、2等寝台車のナロネ20形だった。中央の廊下を挟んで両側に1人用個室が10室、客車の半分は側廊下となり、ここに上下2段の寝台を備えた2人用個室が4室設けられていた。各部屋に洗面設備が付き、トイレは客車の両端に

ブルートレイン「あさかぜ」の編成　1958/昭和33年10月1日

←博多　　　　　　　　　　　　　　　　　　　　　　　　東京→

	①	②	③	④	⑤	⑥	⑦	⑧	⑨	⑩	⑪	⑫
マニ20	ナロネ20	ナロネ21	ナロネ21	ナロ20	ナシ20	ナハネ20	ナハネ20	ナハネ20	ナハネ20	ナハネ20	ナハ20	ナハフ20
電源車	2等寝台 A・個室	2等寝台 B	2等寝台 B	2等座席	食堂車	3等寝台	3等寝台	3等寝台	3等寝台	3等寝台	3等座席	3等座席

洋式のものがひとつずつ設けられている。

特急「あさかぜ」として走り始めた20系客車は、電源車（マニ20形）を含めて13両の編成だった。2等寝台車のナロネ20形を1両、ナロネ21形を2両、3等寝台車のナハネ20形を5両組み込み、このほかは食堂車ナシ20形、2等座席車ナロ20形、3等座席車ナハ20形・ナハフ20形で構成している。

当時は座席車も編成に入っていたが、これは寝台ではなく座席がいいという需要もあったためだ。10系客車時代の「あさかぜ」を踏襲したともいえる。ただし、時代とともに夜行特急はオール寝台車という方針に変わり、座席車は寝台車に改造されていった。

こうして20系客車の導入で一新された特急「あさかぜ」は、その洗練されたスタイルと車内設備から「走るホテル」と呼ばれた。また、20系客車のことを「あさかぜ形」と呼ぶこともあるのは、最初に起用された列車愛称にちなんだものだ。

なお、20系客車誕生時、「ブルートレイン」という呼び方はなく、国鉄が自ら広めた名称でもなかった。20系客車の塗装は夜行列車のイメージから青にクリーム色のラインを3本あしらった新しいデザインで、そこから鉄道愛好者などでいつしかブルートレインと呼ばれるようになり、それが定着したものだ。ちなみに１９７０年代に編纂され、本編だけで14巻にもなる『日本国有鉄道百年史』にも「ブルートレイン」そのものの項目は出てこない。唯一、第13巻の20系客車「あさかぜ」の解説に「ブルー・トレーン」として親しまれた旨の記述がある。表記の違いはともあれ、『日本国有鉄道百年史』が出版された昭和40年代には、「ブルートレイン」という言葉が一般的に使われていたことを示すものと思われる。

こうして発生した言葉ゆえ、ちゃんとした定義があるわけではないが、簡単には「国鉄・JRで運転されてきた客車を使用した寝台列車、ないしはその車両」と言える。つまり特定の列車名ではなく、こうした列車グループ、ないしはこうした列車に使用する車両グループの愛称なのだ。

なお、JR旅客グループのひとつ、JR東日本では発足後に「ブルートレイン」を商標登録、１９９４（平成６）年９月30日付で「登録３００４４３４（商願平04―１７１６０７）」として認可を得ている。これにより「ブルートレイン」という名称が公式的にも権利を得たことになる。

20系「ブルートレイン」の発展

特急「あさかぜ」は、１９５６（昭和31）年の誕生と同時に人気列車となっていたが、

深夜の山陽本線広島駅に停車中のブルートレイン「さくら」（青山東男撮影）

1958（昭和33）年の新型20系客車の導入で「ブルートレイン」となり、その人気にさらなる拍車がかかった。この20系「あさかぜ」の成功によって20系客車の増備が始まり、1959（昭和34）年には特急「さくら」（東京〜長崎）、1960（昭和35）年には特急「はやぶさ」（東京〜西鹿児島）も20系客車で運転されるようになる。

ちなみに国鉄東京鉄道管理局が1960年に発行した『東鉄のあゆみ』によると、これらの3列車を「ブルーの三姉妹」と呼んでPRしていたことも記されている。「ブルートレイン」につながるネーミングが始まっていたようだ。

三姉妹の次女となる「さくら」は、初の夜行特急「あさかぜ」の需要を補完すべく、その運転開始から1年後の1957（昭和32）年11月に東京〜長崎間の特急「さちかぜ」として誕生した。車両は当時の「あさかぜ」同様、10系客車を中心とした編成で、寝台車だけでなく座席車も組み込まれていた。翌年10月のダイヤ改正を機に列車名は「平和」と変更されたが、ストレートな名称が歴史的に〝重すぎる〟と判断されたのか、1959年10月の20系客車化を機に「さくら」と再度改称されている。

また、三女の「はやぶさ」は1958年10月から東京〜鹿児島間で運転を開始した。実は20系客車化で余剰となった10系客車などによる「あさかぜ」編成を転用するかたちで生まれたものだった。「はやぶさ」の場合、1960年7月20日から20系客車に置き換えられ、併せて運転区間も東京〜西鹿児島間に変更されている。

この三姉妹はブルートレインの歴史の中でも長寿を誇り、「あさかぜ」「さくら」はともに2005年まで、「はやぶさ」は九州新幹線の先行開業で東京〜熊本間となったものの2009年までおよそ半世紀にわたって走り続けている。

この時代の日本国有鉄道監修『時刻表』では、列車利用の目安として各列車の乗車率も掲載していた。国鉄としては、すいている列車への誘導をはかる情報提供だったが、当時の利用状況を知る貴重な資料のひとつとなっている。正確なところは不明だが、手持ちの時刻表を見るとおおむね昭和30年代前半に発行された各号に掲載されていた。

対象は主要路線の愛称付き主要列車の座席で、前年同月の乗車実績が記されていた。数字は定員に対して乗客数を百分率で示したもの。長距離列車向けの車両は立席の設定がなく、座席数がすなわち定員となる。つまり、数字が100を超えていたら座れずに立っていた人もいたというわけだ。

残念ながら寝台の情報はないが、「あさかぜ」「さくら」「はやぶさ」の三姉妹は20系客車となった当初、すべて座席車を連結していた。その座席の乗車率から各列車に対する人気度の想像がつけられる。

一例として1960(昭和35)年9月現在(掲載は1961年9月号)の情報を見てみよう。ここでは三姉妹の状況を判断すべく、東京駅始発の東海道本線下り列車(静岡→浜松間)分として掲載されている情報から、夜行列車のすべて(「さくら」から「東海4号」まで)および参考として昼行列車2本(「第1こだま」「第2こだま」)を抜粋した。

3列車のうち「あさかぜ」2等座席車(現在の普通車に相当)は9月分1か月を通じてほぼ満席とわかる。「さくら」「はやぶさ」も2等座席車はおおむね8割以上でかなりの乗車率だ。「月光」から「能登」までは夜行急行だが、鹿児島行きの「霧島」、佐世保行きの「西海」あたりの乗車率も高い。総じて九州連絡の夜行列車はかなりの利用があったと言える。

参考としてピックアップした昼行特急「こだま」の利用率も高い。この時代の電車特急は「こだま」「つばめ」各2往復が日中の東海道を駆け抜け、東京〜大阪・神戸間を結んでいた。いずれもほぼ満席で、それを補完する電車急行や電車準急もなかなかの盛況ぶり

夜行列車の乗車実績　1960/昭和35年9月

列車名	列車番号	行先	上旬		中旬		下旬	
			1等	2等	1等	2等	1等	2等
さくら	特急5	長崎	38	80	50	78	44	98
あさかぜ	特急7	博多	77	99	85	101	73	96
はやぶさ	特急9	西鹿児島	56	82	63	88	69	96
月光	急行13	大阪	41	80	63	81	63	89
銀河	急行15	神戸	19	55	24	60	27	72
大和	急行201	湊町	22	59	24	53	39	66
安芸	急行21	広島	48	61	36	65	45	79
瀬戸	急行23	宇野	37	58	36	65	45	68
出雲	急行25	浜田・大社	39	52	50	56	51	65
阿蘇	急行31	熊本	38	69	49	74	38	83
雲仙	急行33	長崎	28	46	37	55	49	66
高千穂	急行35	西鹿児島	37	66	41	74	41	71
霧島	急行37	鹿児島	53	78	75	92	85	118
西海	急行39	佐世保	38	89	55	96	63	104
筑紫	急行41	博多	25	63	27	55	39	65
能登	急行901	金沢	25	63	24	56	34	70
東海4号	準急311	名古屋	40	75	40	86	48	90
第1こだま○	特急101	大阪	63	93	77	92	80	98
第2こだま○	特急105	神戸	87	96	92	94	89	98

東京発下り列車の静岡→浜松間乗車実績平均（定員に対する乗車率、%）　○昼行列車（参考）
＊日本交通公社『日本国有鉄道監修　時刻表』昭和36年9月号より作成

だった。

なお、名古屋行きの準急「東海4号」は、「東海」4往復のうち1往復設定された夜行列車だ。詳しくは次項で紹介するが、1958（昭和33）年10月から電車による本格的な夜行列車の運転も始まっていたのである。これも結構な人気列車だったことがわかる。

ともあれ、運行区間の違いもあるが、新鋭の20系客車で運行された三姉妹、すなわち「ブルートレイン」はいずれも夜行列車の中では断トツの人気で、これがその後のブルートレイン新設・増発へと進む裏付けとなった。

かくして1963（昭和38）年

6月には東京〜熊本・大分間の特急「みずほ」も20系客車になり、東海道新幹線が開業した1964（昭和39）年10月には「みずほ」の大分編成を独立させるかたちで特急「富士」も誕生した。ちなみにこのダイヤ改正時では東京16時35分発の「さくら」を皮切りに、「みずほ」「あさかぜ」「はやぶさ」「富士」というブルートレインが次々と東海道を下っていったのである。この後には10系客車で編成した寝台急行「安芸」「銀河」「明星」「金星」「月光」が続き、夜行列車という視点でも華やかな時代だった。

また、1963年改正では、急行「北上」を格上げするかたちで上野〜青森間の特急「はくつる」も誕生している。この列車にも20系客車が起用され、東北地方へもブルートレインが進出した。1965年には「はくつる」を補完するかたちで、常磐線経由の特急「ゆうづる」が登場している。

20系誕生当時、電化区間は限られており、非電化区間の牽引機は、一部でDF50形やD51形が使用されていたほかは、C62形、C61形、C60形、C59形という蒸気機関車が使われていた。なかでもC62形は日本最大の旅客用蒸気機関車として山陽本線でブルートレインの先頭に立っていたが、1964（昭和39）年の山陽本線全線電化で役目を終えてしまった。しかし、「ゆうづる」が走ることになった常磐線の平（現・いわき）〜仙台間では、まだC62形が活躍していた。そこで、「ゆうづる」の牽引機として抜擢《ばってき》され、C62形牽引のブルートレインが復活することになったのである。首都圏から比較的近かったこともあり、多くの鉄道ファンがC62の牽引する「ゆうづる」を追いかけた。

なお、「ゆうづる」が誕生した1965年10月のダイヤ改正では、新大阪〜西鹿児島・長崎間に特急「あかつき」が設定された。それまでブルートレインはすべて首都圏発着、関西圏では深夜帯となっていた。関西圏発着の需要が増えてきたこともあるが、1964年に開業した新幹線を活かし、新大阪駅での接続列車として設定すれば、より早く九州に到達できるのだ。以後、関西圏発着のブルートレインも増えていくのである。

電車&気動車の夜行列車運転開始

1950年代は、20系客車に限らず国鉄の車両技術が大きく進化している。特に今日の日本の鉄道を支える「電車」の発展は目覚ましいものがあった。

第1段階として戦後復興によって旧型電車の改良が進み、そこから電車による中・長距離の輸送をめざす動きが始まった。さらに昭和30年代に入ると電車技術が進歩し、国鉄では「新性能電車」と呼ばれる基本型が完成、これを基礎としてさまざまなバリエーションが開発されていく。1964年に開業した東海道新幹線の0系電車もこうした技術進化のなかで生まれたものだ。

中・長距離輸送向けとして開発されたのは、1950（昭和25）年から東海道本線東京〜沼津間で運転を開始した80系電車だった。焦げ茶色一色が電車の標準塗装となっていた当時、沿線の湘南地域に続くミカン山の情景をモチーフにオレンジとグリーンのツートンカラーとした装いは大きな話題となり、「湘南電車」とも呼ばれるようになった。

この80系電車は中・長距離輸送向けに編成も長く設計され、基本編成は10両、ここに4両の付属編成を連結して最大14両もの長い編成で運転できる構造となっている。

この時代、電車は動力付きの電動車と動力なしの付随車からなり、電動車には運転室を設置するのが基本となっていた。機関車が客車を牽くのと同様に、電動車が付随車を牽く発想だったのである。しかし、80系電車では編成の中間に連結される電動車では運転室を設置せず、編成単位で運転室・動力車・付随車を振り分ける方式とした。運転室は編成の両端だけに設置され、中間車の運転台は設置せずに乗客用スペースとしたのだ。そしてすべての電動車は両端に設置された運転室からの指示で総括制御するものだった。

客室は一般的な座席客車の構造を踏襲したもので、車体両端に出入口を設け、客室はそのデッキから仕切り壁で独立した構造となっていた。座席は出入口付近を除き、向かい合わせで腰掛ける4人掛けのボックスシートと2人掛けのクロスシートだった。さらにトイレも設置されるなど、随所で中・長距離輸送向けの視点が盛り込まれていたのだ。

東海道本線の電化延伸にともない、80系電車の活躍の場も広がっていった。そこでは東京発小田原行きの最終電車などで深夜1時過ぎまで運転されることもあったが、本格的な夜行列車としての起用は1958（昭和33）年10月改正からだった。この時、東京〜名古屋・大垣間で4往復の準急「東海」が設定されているが、そのうちの1往復が夜行となったのである。列車のルーツとしては別物だが、のちの大垣夜行、さらにJR時代、特に「青春18きっぷ」利用者に愛用された「ムーンライトながら」を彷彿《ほうふつ》させるような列車だった。

また、1957（昭和32）年には「新性能電車」も誕生した。その定義ともいえる特長は多岐にわたるが、そのひとつは電動車を2両1ユニットとしたことだ。それまでは1両ごとに持っていた機器を分散配置することで全体の重量を削減、なおかつ重量のバランスも良くなった。このほか、電動機、台車、伝導システム、車体構造なども最新の技術を組み合わせ、まさに新時代の電車となった。

国鉄ではこのシステムを活用し、通勤形の101系、特急形の151系（開発時はモハ20系）、急行形（開発時は準急形とも呼ばれている）の153系などを次々と開発していった。153系の場合、客室のレイアウトは80系客車に準じたものだが、内装や座席構造、照明などがグレードアップされ、これが国鉄急行形車両の基本となった。

国鉄初の電車特急「こだま」はこの151系を起用したもので、1958年11月から運転を開始している。同時に153系もデビューし、80系で運転されていた準急「東海」の一部列車から置き換えを進めていった。その後、153系は東京〜大阪間の「なにわ」「よど」などの急行にも起用され、1961（昭和36）年10月改正からはこれらに夜行列

電車だけでなく気動車で運転される夜行列車も増えてきた。写真は木次線経由で広島～米子間を結んだ「夜行ちどり」（青山東男撮影）

車も増発されている。こうして電車による夜行列車の運転が本格的に始まった。

また、非電化区間向けの気動車も大きく進化した。当初は1両での単独運転に限られていたが、ディーゼル機関の発達と液体変速機を活用する総括制御の発展によって編成の長大化などが進んでいった。一般向け車両と並行して、準急向けにキハ55系（当初はキハ44800形）の開発も進められ、1956（昭和31）年10月から上野〜日光間の準急「にっこう」として運転を開始した。この時代、上野〜大宮間は電化されていたが、大宮〜宇都宮〜日光間は非電化で、気動車の導入が計画されたのである。

この気動車準急「にっこう」は国鉄が狙った通りの性能を示し、キハ55系は量産へと進み、全国各地に投入されていく。運用先は主に昼行列車だったが、木次《きすき》線経由で広島〜米子間を結んでいた準急「夜行ちどり」では１９５９（昭和34）年４月からキハ55系による運転となった。このあたりが気動車による夜行列車運転の始まりだろう。

キハ55系はグループ全体で５００両近く量産されたが、エンジン出力などの制約もあって車体が小ぶりで、サービス面では１５３系より見劣りするものだった。そこで１９６１（昭和36）年には改良版のキハ58系が開発された。国鉄急行形車両の基準に合った車両となり、１９６９（昭和44）年までに１８００両以上量産され、キハ55系同様、全国各地に投入されていくのだ。

こうしたこともあり１９６１年からは高山本線の「しろがね」「ひだ」、中央本線の「白馬」「あずみ」「ちくま」など気動車による夜行列車が増えていった。

修学旅行電車「ひので」誕生

この時代の国鉄利用としては、小・中学校あるいは高等学校で実施されていた「修学旅行」による需要も見逃せない。

修学旅行は日本の学校行事のひとつで、明治初期から遠足あるいは見学会などとして実施されていたが、１８８７（明治20）年からは師範学校の規定として「修学旅行」という名称が使われるようになった。戦時中は修学旅行どころではなかったが、昭和20年代半ばから徐々に実施されるようになり、この輸送は国鉄がほぼ一手にまかなうことになった。

こうして修学旅行が活発化していくなかで、事故に遭遇するケースも出てきた。最大の犠牲者を出したのは1955(昭和30)年の宇高連絡船「紫雲丸」事故だった。濃霧のため、貨物船と衝突、あっという間に沈没して150名を超える犠牲者を出す大惨事となったのである。この年、文部省では修学旅行に対し、計画上の注意、引率上の注意、事故防止上の注意を通達していたが、この事故を受けて緊急対応の手法などさらなる通達を出し、事故の絶滅を期した。

これを契機として、修学旅行の安全性確保、教育性の高揚、経済性の適正化をめざす財団法人・全国修学旅行研究協会が設立され、それぞれの対応に向けた指針をつくっていった。一方、文部省の「小・中学校学習指導要領」でも1958(昭和33)年告示分から修学旅行が教育課程のひとつとして示され、実施に対しての基準が定められたのである。

全国修学旅行研究協会では、都道府県単位の修学旅行委員会も発足させ、地域ごとの実情を鑑みながら修学旅行のあり方や改善方法を模索していった。例えば東京都では小学校は日帰り、中学校は3年時に72時間以内、高等学校は3年時または定時制4年時に96時間以内という実施基準を設けていた。さらに中学校の場合、京都・奈良といった古都への訪問が主流となっていたが、時間的な制約のなかで効率的に実施する方法を国鉄と協議、運行時刻の設定や修学旅行専用の電車の開発へと進んでいったのだ。

こうして1959(昭和34)年に誕生したのが155系修学旅行用電車だった。

基本構造や動力システムは1958年から営業運転に入っていた153系電車を踏襲しながら、細部は修学旅行に適したものとしている。

大きな特徴は座席で、153系同様の向かい合わせのボックスシートだが、155系では通路を境に3人掛けと2人掛けの組み合わせとしている。現在の新幹線普通車のイメージだ。これにより中間車1両あたりの定員は84名から104名と増えた。1人分の幅はやや狭くなったが、シートピッチは153系と同じとして居住性を確保している。また、夜行として運行する際の仮眠にも配慮、全席側面にヘッドレストを設けている。さらに定員が増えた分、荷物棚の容量確保も工夫され、一般車両のように窓上に設けるのではなく、それぞれの座席背ずり上に設けている。

また、出入口は153系が1000ミリだったのに対し、155系では特急形標準の700ミリと狭められている。これは団体利用が基本となるため、一般列車のような乗降の迅速性をはかるより、その分を車内の容積拡大に向ける発想だった。このスペースを活かし、155系のデッキ部には水飲み場が備えられた。当時、ブルートレインなどの寝台車でも洗面所では飲料水が用意されていた。ここでは封筒状の紙コップが用意されていたが、155系ではアルマイトのコップが鎖付きで用意されていた。

なお、車体外観で見ると屋根が低い。修学旅行のシーズン以外では一般向け臨時列車など幅広く使うもくろみもあり、中央本線などトンネル断面の小さな路線での運用も配慮し

修学旅行用電車　1961/昭和36年10月1日

列車番号	1131	1133
列車愛称	ひので	きぼう
東京（発）	…	1940
品川（発）	820	1950
横浜（着）	839	2007
（発）	840	2009
大船（発）	859	2027
小田原（着）	928	2101
（発）	929	2103
熱海（着）	948	2124
（発）	949	2126
沼津（着）	1007	レ
（発）	1008	レ
静岡（着）	1052	2246
（発）	1054	2248
天竜川（発）	1159	レ
浜松（着）	1207	008
（発）	1210	011
名古屋（着）	1346	153
（発）	1350	156
米原（着）	1457	308
（発）	1500	316
大津（発）	1546	レ
京都（着）	1555	430
（発）	…	435
大阪（着）	…	515
（発）	…	519
三ノ宮（発）	…	545
神戸（着）	…	548

列車番号	1134	1132
列車愛称	きぼう	ひので
神戸（発）	913	…
三ノ宮（発）	917	…
大阪（着）	941	…
（発）	945	…
京都（着）	1020	…
（発）	1026	1926
大津（発）	レ	1935
米原（着）	1130	2020
（発）	1132	2027
岐阜（着）	1213	レ
（発）	1214	レ
名古屋（着）	1240	2155
（発）	1242	2200
浜松（着）	1416	2352
（発）	1420	002
静岡（着）	1521	118
（発）	1523	120
沼津（着）	1607	223
（発）	1608	225
熱海（着）	1624	250
（発）	1626	252
小田原（着）	1648	317
（発）	1649	319
大船（発）	1723	416
横浜（着）	1739	434
（発）	1741	438
品川（着）	1759	500

＊日本交通公社『日本国有鉄道監修　時刻表』昭和36年10月号より作成

たものだった。

155系の製造にあたっての資金は東京都ならびに京阪神地区の修学旅行委員会による鉄道債券（実際の引き受けは日本交通公社など）でまかなわれた。その資金面の制約もあり、当初は予備編成なしの12両編成2本が製造され、1959年4月20日から「ひので」「きぼう」の愛称で東京～関西間を結ぶようになった。

運転時刻の設定も絶妙で、1961（昭和36）年10月時点では下り「ひので」の品川～京都間の所要時間は7時間25分とほぼ急行並みの速度。日中の移動時間を減らし、少しでも現地滞在時間を増やすよう配慮されていたため、折り返しの上り「ひので」は京都駅を深夜にかからないところで出発、東海道を夜行で駆け抜けた。品川駅到着は始発電車運転開始後、朝のラッシュに入る前と調整され、所要時間は約9時間半となっていた。

修学旅行用電車「ひので」（筆者撮影）

一方の「きぼう」は上りが昼行、下りが夜行だったが、ともに同一名の列車で往復、現地で1泊すれば、車中泊を組み合わせて当時の基準となっていた2泊3日72時間に収まる設定になっている。

筆者は1968（昭和43）年5月に「ひので」による修学旅行を経験している。当時の行程は、朝7時に学校に集合、品川駅に移動して「ひので」に乗車。京都駅到着後、バスで法隆寺に向かい、奈良で宿泊。翌日は室生寺を訪ねてから京都に移動、大仙院などを見学して京都駅から夜行の「ひので」で帰路についた。ヘッドレストもある、仮眠を考慮した車内だったが、仲間との旅ということもあり、徹夜に近い状態で過ごした覚えもある。そして3日目の早朝、品川駅に到着、6時過ぎには学校で解散となった。のべ71時間となり、72時間の基準に収まっていた。

こうした時間設定のため、155系の運用はなかなかハードで、東京側、関西側とも車両の清掃や水などの補給を終えたらすぐに折り返さねばならなかった。さらに編成は2本だけで、予備編成はなかったが、安全運行のためには定期的な検査が欠かせない。そのため、定期検査は4両ずつ実施、その間は8両に減車して運行することも行われていた。2年後には予備車が製造され、ようやく常時12両編成で運転できるようになっている。

資金面からコストダウンをはかり、運用面での現場の苦労も大きかったが、「ひので」「きぼう」の評価は上々で、ほかの地域でも専用車両による修学旅行列車運転の要望が次々と出てくる。そのトップを切ったのは中京地区で、155系を踏襲しつつ、座席は一般急行形153系と同じすべて2人掛けとした159系を開発、1961（昭和36）年4月から「こまどり」として東京・品川〜大垣間で運転を開始した。

このほか、155系の増備などで「わかくさ」「わかば」「わかあゆ」も運転を開始、さらにキハ58系気動車をもとにした修学旅行専用車両（800番台）も開発され、東北〜東京間の「おもいで」などとして運転されている。いずれも片道は夜行とし、72時間の基準に合わせた設定だった。

１９６４年（昭和39年）には東海道新幹線が開業する。全国修学旅行研究協会では、修学旅行の新幹線利用を実現すべく運輸省や文部省に陳情を重ね、１９７１（昭和46）年３月には修学旅行向けの新幹線料金割引が設定された。これにより東京〜関西間の修学旅行は新幹線に移行、同年度から「ひので」「きぼう」「わかくさ」「わかば」が次々と廃止され、１９７４（昭和49）年度までに１５５系・１５９系の修学旅行輸送は終了した。

なお、１５５系・１５９系は、一般向け臨時列車などとして活用が続けられたが、車両の老朽化によりいずれも国鉄晩年に引退となっている。

東海道新幹線開業

１９６４年10月1日、東京〜新大阪間の東海道新幹線が開業した。時速２００キロを超える当時世界最速の列車として脚光を浴び、その成功から世界各国で高速鉄道の開発が進んでいく。パイオニアとなった日本では新幹線の延伸をさらに進め、今日の新幹線ネットワークを築いていくことになったのだ。

東海道新幹線は、このように高速鉄道として評価されるが、その建設に至る経緯は輸送力が限界になっていた東海道本線の問題解決だった。計画時には在来線の複々線化なども検討されているが、在来線とは異なる世界標準軌で建設、車両容積の拡大や高速化で輸送力をより高めようとしたのである。そのため、東海道新幹線は法的には新たな路線ではなく、東海道本線の線増というかたちで建設されている。

東海道新幹線の開業に合わせ、在来線のダイヤ改正も実施された。沿線では東海道新幹線を基軸とした体系に組み換えられ、それに合わせて全国で調整が行われたのだ。

新幹線開業前後の運転本数

列車種別		1964.9	1964.10
昼行	特急	9往復	―
	急行	6往復	4往復
	準急	6往復	5往復
夜行	寝台特急	4往復	5往復
	寝台急行	8往復	6往復
	急行	10往復	9往復
	準急	1往復	1往復
	普通	2往復	2往復

東京発着、名古屋以西連絡定期列車（昼行普通列車は省く）

＊日本交通公社『国鉄監修　交通公社の時刻表』昭和39年9月号および10月号より作成

いちばん大きく変わったのは東海道本線だ。東京駅に発着する名古屋以西に連絡する列車で見ると、8往復運転されていた昼行特急は全廃となった。また、急行は6往復から4往復、準急は6往復から5往復とそれぞれ削減されている。一方、夜行列車は特急・急行・準急・普通を合わせて25往復から23往復とやはり削減されたが、寝台特急は1往復の増発（「富士」）となっている。

東海道新幹線開業時、それにともなう在来線夜行列車の変化はさほどではなかったが、その後の東海道・山陽新幹線全通時、あるいは東北新幹線盛岡開業時などでは大きな影響を与えるようになっていく。新幹線の運行距離が伸びていけば、夜行によって長距離を結んでいる列車に影響が出るのは必然のことだった。

第4章　最盛期

――70年代のブルートレイン・ブーム

世界初の寝台電車誕生

1964（昭和39）年10月、東海道新幹線が開業したものの、その恩恵を受ける地域は限られ、国鉄全体ではなおも深刻な輸送力不足に悩まされていた。

この時代、長距離輸送の基幹となる特急列車の場合、昼行は電車あるいは気動車、夜行は機関車牽引の20系客車となっていた。これはそれぞれの車両特性を活かした使い分けだったが、この体制では昼行用と夜行用と別の車両を準備することにもなった。運転本数の増大、すなわち車両数の増加とともに車両基地の収容能力も問題になっていく。そのため、座席と寝台の両用として使える電車を開発、昼夜兼行で運転するアイディアが出されたのである。

1965（昭和40）年秋から本格的な検討が始まり、1967（昭和42）年には581系寝台電車として完成した。電車に寝台設備を組み込むのは世界でも初めての試みで、当時の国鉄では「世界初の寝台電車」としてPR。同年10月1日から夜間は新大阪〜博多間の寝台特急「月光」、昼間は新大阪〜大分間の座席特急「みどり」として運転を開始した。

夜行・昼行各1往復の運転なので、単純に考えると最低4編成必要となるが、共用とするなら必要な編成数は削減できる。ちなみに新設「月光」の新大阪〜博多間所要時間は下りで9時間50分、上り10時間ちょうど。夜行＋昼行で連続運行すれば、1編成1日で往復

世界初の寝台電車581系は583系として量産され、東北から九州まで昼夜兼行で大活躍した。写真は東北本線の特急「はつかり」。寝台特急「はくつる」「ゆうづる」の対になる昼行特急（筆者撮影）

できることになる。つまり2編成で回せるのだ。実際には整備上の予備車も必要で、最低でも3編成となるが、それでも国鉄のような大所帯では節約効果が大きい。

試験的に導入された581系の効果は上々で、翌年からは改良型の583系として大量生産され、北は東北から南は九州まで大活躍するようになった。

動力システムは、交直両用特急形電車として開発されていた485系とほぼ同一のものを使用している。581系の場合、九州向けの60ヘルツ交流にも対応するものだったが、これを50・60ヘルツ共用としたのが583系だ。外観的には両形式ともほぼ同一だ。

車体は寝台を組み込むため限界まで

夜間は中央通路式３段寝台（左）、昼間はボックスタイプの座席（右上）となった。寝台と座席の切り替えは車両基地で行われた（右下）（筆者撮影）

拡大、当時の在来線車両の中では格段のボリューム感があった。寝台構造のため、窓は横に細長く、その上に寝台利用時に外を眺められる小窓が並んでいるのも印象的だった。出入口扉はコンパクトにまとめるため、20系客車と同じく折り戸構造とされたが、５８３系が導入された東北エリアでは雪が挟まるトラブルも発生、融雪用ヒーターを増設するなど難儀したそうだ。塗色はクリームとブルーのツートンカラー。国鉄の特急形電車の標準色はクリームと赤のツートンカラーだったが、５８１・５８３系では夜行のイメージも織り込んだと聞いた。

先頭車は分割併合を考慮、正面が左右に開く独特な構造を開発した。５８１・５８３系の場合、実際に分割併合する運

581系寝台電車の編成　1967/昭和42年10月1日

←博多・大分　　　新大阪→

①	②	③	④	⑤	⑥	⑦	⑧	⑨	⑩	⑪	⑫
クハネ581	サハネ581	サハネ581	モハネ580	モハネ581	サシ581	モハネ580	モハネ581	サハネ581	モハネ580	モハネ581	クハネ581

「月光」新大阪〜博多間　夜行列車

2等寝台	2等寝台	2等寝台	2等寝台	2等寝台	食堂車	2等寝台	2等寝台	2等寝台	2等寝台	2等寝台	2等寝台

「みどり」新大阪〜大分間　昼行列車

2等座席	2等座席	2等座席	2等座席	2等座席	食堂車	2等座席	2等座席	2等座席	2等座席	2等座席	2等座席

転はなかったが、この構造はその後に登場した183系や485系後期形などに引き継がれ、国鉄特急形電車の標準スタイルを確立している。

581・583系の寝台車は、当初2等寝台（1969年の等級制廃止後、B寝台）だけが開発された。中央通路式で、座席使用時は2人掛けが向かい合わせになる、いわゆるボックス構造。寝台では4人で使う1ボックス分を1寝台分とし、線路と同じ方向に3段構造で設置された。寝台長さは標準的な1900ミリ。一方、寝台幅は下段1000ミリ、上・中段700ミリ。20系客車の寝台は3段とも520ミリだったため、下段では格別の広さだった。また、上・中段の場合、寝台わき長手方向に空間があり、荷物を置くだけでなく、視覚的なゆとりにもなった。さらに枕元には先述した小さなのぞき窓も用意された。こうしたつくりから全体的にゆとりある寝台と評価され、20系客車を超える人気となった。

寝台の利用料金は、583系がデビューした1968（昭和43）年10月現在、客車の2等寝台は上段800円、中段9

世界初の寝台電車は時刻表の表紙でもPRされた

00円、下段1000円、電車の2等寝台は上・中段1100円、下段1300円となっていた。電車の方が割高だったが、それに見合うサービスだったのである。

ちなみに客車のみに存在した1等寝台では、1人用個室が3080円、2人用個室が上段1980円、下段2530円、中央通路式の開放タイプでは上段1540円、下段1980円となっていた。電車の2等寝台下段は、客車の1等寝台上段に迫る設定だったのだ。

もっとも、3段式寝台というのはやはり限界に近い構造で、客車の2段寝台化が進んでくると583系は窮屈に思われた。特に上段は車体の肩にあたるため、通路側の上下寸法はそこそこあるものの、曲面で構成されている窓側は圧迫感があった。なお、パンタグラフ取付部の場合、3段構造にはできず、ここは中・下段の2段構造となっていた。この寝台は広々と快適で、空席がある場合は必ずここを指定して利用した覚えがある。

国鉄晩年、急行「きたぐに」として運用される583系ではA寝台が追加された。これはB寝台の上・中段を撤去、新たに上段寝台を設けるという改造でまかなわれた。この2段化で上・下段ともに居住空間が広がり、A寝台にふさわしいサービスとなった。

〝よん・さん・とお〟ダイヤ改正

1968（昭和43）年10月1日、〝よん・さん・とお〟としてPRされたダイヤ改正が実施された。直接的には同年8月に完了した東北本線の全線複線化および全線電化を契機としたものだったが、1965（昭和40）年にスタートした国鉄の第3次長期計画による各地の幹線電化・複線化も進んでおり、それらを活かした全国にわたる白紙大改正だった。

ダイヤ改正の骨子は輸送力の強化だったが、特に特急・急行を軸にした高速列車網の整備が進められた。なかでも特急については昼行列車・夜行列車を合わせて76本から170本へと増発、さらに東北本線・高崎線・上越線・北陸本線・山陽本線などで最高速度を時速120キロへと引き上げて高速化した。また、急行では318本から1260本と約4倍に増やしている。東京〜新大阪間だけだった新幹線も増強され、60本から170本となった。

ちなみに夜行列車の場合、特急・急行だけでも250本近く、普通列車を合わせると定期だけで265本も設定され、国鉄夜行列車としても全盛期と言える時代となった（第4章末の表「夜行列車一覧　1968／昭和43年10月1日」参照）。

その一方、長年運行されてきた準急はダイヤ改正を機に全廃となった。実は急行の大増発は準急の格上げなどによって達成されたとも言える。サービスアップにもつながるが、すでに赤字体質になっていた国鉄にとっての増収対策も織り込まれていたのだ。

なお、特急と急行の大増発によって列車名の調整も必要になった。それまで多くの列車は個別に列車名が付けられていたが、このダイヤ改正を機に運行路線や運行区間ごとにできるだけ統一し、1・2・3……号と番号を付ける方式を進めた。急行の場合、これにより昼行も夜行も同一列車名を名乗るものが増えた。

さらに輸送需要の定期的な波動を見込み、臨時列車は「季節列車」として設定する方式も進められた。これらの列車名も統一され、ここでは主に50番台の号数を付けている。なお、季節列車の設定により、これまで「不定期列車」としていた区分は廃止された。

こうした列車愛称の調整により、列車名としては特急が47種まで増えたが、急行では準急を含む319種が220種まで絞り込まれ、全体としての愛称名は少なくなっている。

夜行特急の場合、客車では新大阪〜宮崎間の「彗星」、大阪〜青森間の「日本海」が新設され、東京〜博多間の「あさかぜ」、新大阪〜西鹿児島・佐世保間の「あかつき」、上野〜青森間の「ゆうづる」が増発された。このダイヤ改正に向けて20系客車が増備されたが、同時に座席車から寝台車への改造も進められた。これは需要の変化を見込んだ変革だったが、ダイヤ改正時点で座席車連結のあったのは「ゆうづる」のみ。これも1970（昭和

45）年10月改正までに寝台車化されている。

このうち「日本海」は、ダイヤ改正まで急行として運転されていた列車を20系客車に置き換え、特急へと格上げしたものだった。急行時代より約6時間ものスピードアップとなり、大阪〜青森間を日中に結んでいた「白鳥」とともに青函連絡船を介して関西と北海道をつなぐ主力列車となった。なお、この間の需要は高く、急行「日本海」は「きたぐに」に改称されて、その後も運転が続いた。

また、１９６７（昭和42）年に５８１系としてデビューした寝台電車は、このダイヤ改正に向けて先述のように５８３系として増備され、新大阪〜熊本間の「明星」、名古屋〜博多間の「金星」を新設、上野〜青森間の「はくつる」「ゆうづる」各1往復が電車寝台化された。これらは時速１２０キロ運転可能な路線が拡大されたことを活かし、俊足を誇るダイヤ設定となっている。

こうして客車および電車による寝台特急が増発されたことで、夜行の急行・普通列車は減少の方向にあった。

東海道本線の急行では、東京〜大阪・姫路間の「銀河」2往復、東京〜宇野間の「瀬戸」2往復、東京〜紀伊勝浦間などの「紀伊」、東京〜浜田間の「出雲」、東京〜広島間の「安芸」各1往復のほか、東京〜西鹿児島間の「霧島・高千穂」だけとなった。「霧島・高千穂」は小倉まで併結となり、寝台車の連結はなくなっていた。

一方、中京・関西以西となると、名古屋～熊本間の「阿蘇」、京都・新大阪・大阪～宮崎・都城間の「日南1・3号」、京都～熊本間の「天草」、京都～長崎間の「雲仙2・2号」、京都・新大阪～広島・下関間の「音戸1・2号」、大阪・新大阪～博多間の「つくし3・3号」、大阪～西鹿児島間の「しろやま」、大阪～佐世保間の「西海2・1号」があり、東京発着列車と合わせて活況だった。運行区間が短く、急行でも十分という考え方もあったようだ。

また、夜行の普通列車は東海道本線の場合、わずか1往復になり、客車から電車化され、さらに運転区間も東京～美濃赤坂・大垣間に短縮された143M・144Mとなった。これは国鉄からJRにも引き継がれ、最晩年は「ムーンライトながら」となる列車である。

特急や急行が頻発されるなか、普通列車が残されたのには当時の国鉄で「マルキュウ列車」と呼ばれた扱いにも関係していた。現在のJRでも生活困窮者などを対象に「被救護者割引乗車券」が発行されているが、この利用を対象とした列車の隠語でもあった。〝よん・さん・とお〟当時の規約では普通2等運賃の半額程度で乗車できたが、その利用は普通列車のみに限られ、特急や急行は利用できなかったのである。国鉄では対象者の需要が低く、日中の普通列車乗り継ぎでも移動できるとしたが、長距離の移動の足として残したいと社会問題化して存続が決まったとも言われている。

〝よん・さん・とお〟ダイヤ改正時点で全国に20本以上の夜行普通列車が存続していたが、

そこにはこうした裏事情もあったと思われる。ただし、東海道本線の１４３Ｍ・１４４Ｍの場合、郵便・荷物輸送も担っていた。これは１９８６（昭和61）年まで続いており、これもこの列車に与えられた重要な役割だったのである。

また、当時の夜行普通列車に列車愛称はなかったが、１９７４（昭和49）年夏に紀勢本線の９２１・９２４列車が「南紀」、根室本線の４２３・４２４列車が「からまつ」と命名された。実は両列車にはＢ寝台車が連結されており、その販売管理をマルスシステムで行うための措置だった。同様に翌年３月には山陰本線８２７・８２６列車が「山陰」、さらに１９７６（昭和51）年３月には長崎本線４２１・４２２列車も「ながさき」と命名されたが、これも寝台券の販売管理が理由だった。

１９７８（昭和53）年10月、紀勢本線和歌山～新宮間の電化が完成、特急の運転系統を東西に分離することになった。この時、「南紀」は名古屋側の特急愛称とされ、夜行普通列車は「はやたま」と改称されている。

その後、「からまつ」は１９８０（昭和55）年９月30日限りで廃止となった。また、「ながさき」は１９８４年１月31日限りで廃止され、翌日から「はやたま」「山陰」は12系客車による運行となった。この時、「はやたま」では寝台車連結をやめ、愛称は廃止となった。「山陰」では引き続き寝台車が連結されたが、これも１９８５（昭和60）年３月改正を機に廃止された。これにより普通列車への寝台車連結はなくなり、また夜行普通列車の愛称もすべてなくなってしまった。

大阪万博輸送に向けて開発された12系客車

1970（昭和45）年に開催された「Expo'70」こと大阪万博でも夜行列車が活躍した。万博の会場は大阪府吹田市の千里丘陵。3月15日から9月13日まで開催され、約6422万人が来場した。日本の人口はこの数年前に1億人の大台にのっており、国民の半数以上が集まった計算だ。この時代、新幹線は東京〜新大阪間の東海道新幹線だけ。高速道路も最初に開通した名神高速道路に続いて建設された東名高速道路が前年にようやく全通した状態で、ほかは建設中だった。全国から大阪万博へ向かう人々の足の多くが国鉄に委ねられたのだ。のちの統計では動員の約34パーセントにあたる2200万人を国鉄が輸送している。

この時、国鉄では東海道新幹線については16両化や増発で輸送力増強をはかっているが、在来線では臨時列車の運行で輸送力増強を行った。ただし、列車の増発には車両の調達も必要となる。破格の規模での増発なので、車両も増備することになった。波動輸送用として増備する場合、製造費からすれば電車・気動車よりも客車の方がリーズナブルだ。さらに10〜15両の長編成で運行する場合、運行費用面で考えても客車の方が有利と判断され、昭和43年度の車両計画に客車の新製が組み込まれた。

国鉄の客車は1958（昭和33）年に開発されたブルートレイン用の20系客車、また同時期に行われていた急行用10系客車の改良増備以来、新製が途絶えていた。一方、電車・気動車はその後も開発・製造が続き、サービス面で客車は見劣りするようにもなっていた。こうした状況の改善も兼ねて客車新製が決断された。

かくして開発されたのが12系客車である。大阪万博での波動輸送はもちろんのこと、その後の一般輸送や団体輸送などにも利用しやすい急行形車両として設計された。

座席はボックスシートと呼ばれる2人ずつ向き合うスタイルだが、腰掛けの間隔を従来の1460ミリから1580ミリに拡大した。定員は従来同様に88名を確保するため、車体長は従来の20メートルから21・3メートルと長くなっている。

また、全車両に冷房装置も取り付けられた。この時代、在来線で冷房サービスを行っていたのは特急全車両および急行の一部車両に限られており、混雑のひどい通勤電車でも扇風機でしのいでいたので、大きなサービスアップである。冷房用電源は、床下にディーゼルエンジン＋発電機を搭載、そこから供給するかたちとした。20系客車の「集中電源方式」に対して「分散電源方式」と呼ばれた。

12系客車の電源は自車を含めて6両（試作車は5両）までまかなえる容量を持っていた。電気系統の接続や管理のため、12系客車でも20系客車同様、固定編成という考えが取り入れられた。ただし、旧型客車との混結も可能な構造としている。

12系客車を使い多くの臨時急行が運転された。写真は大阪発西鹿児島行きの「しろやま51号」 1970年8月13日 鹿児島本線出水駅にて（筆者撮影）

このほか、乗り心地改良のために密着式自動連結器を採用して前後動を小さくし、客車初となる自動ドアも採用した。また、車体側面の行き先表示は車掌室で一括操作できるようにし、時速110キロ運転に対応する台車やブレーキ装置の採用など随所に新しい試みが行われている。また、12系客車では当初から循環式汚物処理装置も取り付けられたが、この装置が一般化したのもこの時代で、それまで便所の汚物は線路への垂れ流しスタイルだったのである。

こうして12系客車は1969（昭和44）年に28両が試作され、調整を受けて量産へと進んだ。翌年3月の大阪万博開始までに328両製造されたが、その後も増備が続き、のべ608両も製造されている。

12系客車は大阪万博開会に合わせて3月か

ら本格的に運用開始となったが、特にこの年の７月１日から９月30日までの夏季輸送にはフル活用となった。例年、この時期の臨時輸送は厚い陣容となるが、この年は万博輸送もあって３か月間ののべ本数で特急２１５４本、急行１万３６３本、合わせて１万２５１７本で前年比３割増しとなった。このうち、万博輸送を主体とする臨時列車はのべ１１１６本で全体の約10パーセントを占めている。

このうちのすべてを12系客車がまかなったわけではないが、この時期に運転された12系客車は、すべて臨時の急行列車に充当されている。約７割が大阪など関西圏発着で、そのうちの約７割が朝方に関西圏到着、夕方から深夜にかけて関西圏を出発する夜行列車だった。往復を車中で過ごし、日中を万博見学に充てる、夜行列車の特性を活かした設定だったのである。

なお、１９７０（昭和45）年当時でも九州南部などは非電化で、ここでは最新の12系客車がＳＬによって運転されるシーンも見られた。ＳＬに牽かれても冷房サービスを行えたのは、自前で電源装置を持つ12系客車ならではのことだった。ちょうど「ＳＬブーム」と呼ばれていた時代で、この臨時列車はファンにとっては大きなプレゼントとなった。

また、こうした臨時列車を運転したものの、お盆を挟んだピーク時には大混雑が予想された。そのため、８月10日ごろから20日ごろにかけて一般の列車でもＢ寝台車あるいは食堂車を座席車に変更、さらには普通車指定席を自由席に変更するなど、今では考えられないような対策まで実施された。

一方、この措置に対する手当てとして「発駅着席券」も販売された。これは自由席であっても指定の時間までに集合場所に集まれば着席を保証するサービスで、始発駅・車両増結駅のみで販売するスタイルだった。1970（昭和45）年夏季の発駅着席券は1席分50円で、約42万枚も発券されている。当時、ピーク時の指定席料金が300円だったので、かなりお得な設定だったと思う。きっぷは安全ピン付きのビニール袋に収められた状態で販売され、集合時は胸に付けておくルールだった。

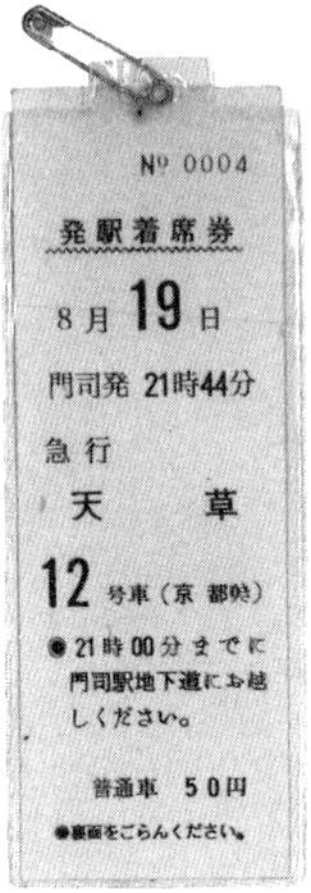

発駅着席券

この「発駅着席券」は、この時に新設されたものではなく1965（昭和40）年10月1日から国鉄の「旅客営業規則」に組み込まれている。制度の発祥は、年末年始やお盆の時期、自由席中心の長距離列車で着席サービスを提供するアイディアとして上野駅で始まった「ワッペン乗車」だった。駅の待合室で列車ごとに整列させ、整理票を配布。所定の時間になると整理票所持者を順に列車まで案内するというものだった。この整理票がワッペンで、列車名や行き先、出発時刻などが記されていた。

12系客車の技術を活かして14系客車を開発

12系客車の開発で、床下にディーゼル発電機を備える「分散電源方式」が実用化された。これを活用して新たなブルートレイン向けの寝台客車の開発も始まった。

１９５８（昭和33）年にデビューした初代ブルートレインの20系客車は１９７０（昭和45）年まで製造が続いていた。誕生から十数年、現在の感覚ならサービスレベルは陳腐化しており、引き続き量産されるのがおかしいぐらいだ。

ただし、当時の国鉄の狙いはサービスアップだけではなかった。ブルートレインが全国各地に増発されるようになり、途中駅で分割・併合する列車も増えていた。当初は需要の高い区間をフル編成で走らせ、末端は需要に合わせて付属編成を切り離していたが、やがて付属編成は別の駅に連絡させてブルートレインのネットワークを広げるようになっていた。

ここで問題となったのは電源車だった。20系客車は電源車付きの固定編成で運転される構造だ。編成を分割すると、オリジナルの電源車は片側のみに連結され、もう片方の編成には電源車がなくなる。こちらでは冷暖房や照明も使えなくなってしまうのだ。

そのため、分割・併合の際は新たな電源車を用意しておき、電源車がなくなった編成側にはこれを連結して運転するスタイルとなった。この電源車は末端部に簡易的に使うものとされ、旧型客車にディーゼル発電機を搭載した改造車（マヤ20形）でまかなわれた。

しかし、12系客車の「分散電源方式」を使えば、分割する双方の編成に電源が用意され、新たな電源車の連結は不要になると考えられたのだ。

また、先述のように20系客車の増備は続いていたが、新規に寝台客車を開発するということで、内装についても全面的な見直しが行われた。

14系客車のB寝台車は、20系客車と同じく側廊下式が踏襲されたが、寝台は幅700ミリ、長さ1950ミリと拡大された。前述の通り、1967（昭和42）年にデビューした寝台電車（581系、1年後に583系も登場）のB寝台は上・中段ともに幅700ミリ、下段が幅1000ミリと広く、これが好評だった。新型車に20系客車の520ミリを踏襲するわけにはいかなかった。

また、中段寝台の収納操作は動力化され、スイッチひとつで上下動するようになった。これも寝台設置や解体を担当する作業員には喜ばれた。

さらに上・中段への移動に使う梯子は、20系客車の場合、取り外し式だったが、14系客車では窓側に固定された柱から左右に引き出して使う構造になっていた。日中でも簡単に上段に上がることができ、上段などを荷物置き場とするのにも役立った。

1971（昭和46）年にディーゼル発電機を備えたスハネフ14形とオハネ14形の10両が試作された。スハネフ14形は自車を含めて5両分（食堂車を含む場合は4両まで）を給電できる性能を持つ。車体は20系客車と同じく車両限界いっぱいの屋根が深いスタイルだったが、分割・併合時の利便性を考慮して、列車車端部となるスハネフ14形は貫通扉付きとなった。

なお、14系客車の塗色は20系客車の青15号ではなく、東海道・山陽新幹線0系などの窓回りにあしらわれた青20号となった。これは先述の12系客車で始まった配色だったが、深い屋根の14系客車にもよく似合い、新たなブルートレインのイメージをつくり上げた。国鉄からも「ニュー・ブルートレイン」とPRされ、すでに「ブルートレイン」という呼び名が国鉄部内でも定着していたことを証明してくれる。

14系客車は10両でも編成を組むことはできたが、まず1971年10月から旧型客車で東京～宇野間の夜行急行として運転されていた「瀬戸」にスハネフ14形×1両、オハネ14形×3両を組み込み、実証実験を行った。これは乗客、運行側ともに好評を得て、14系客車はA寝台車と食堂車を含めて量産に入った。さらに1972（昭和47）年からは座席車も14系客車グループとして製造されている。

こうして14系客車は1972年3月改正から本格導入され、寝台特急「さくら」「みずほ」「あさかぜ」（下り2号・上り3号）に導入された。14系客車が試用された「瀬戸」はこのダイヤ改正から特急に格上げ、ブルートレインの仲間入りを果したが、車両は初代ブルートレインの20系客車だった。コアな利用者はサービスダウンにびっくりしたかも知れない。

その後、14系客車は寝台特急「あかつき」「紀伊」「いなば」「北陸」などにも活躍の場を広げ、20系客車を凌駕する存在になると思われたが、1972年11月6日、北陸本線を走行中だった急行「きたぐに」で火災が発生する。列車はトンネル内に立ち往生、死者30名、負傷者714名という国鉄史上に残る大惨事となってしまった。

当初、出火の原因は食堂車厨房の石炭レンジと疑われ、食堂車の廃止が進んだが、それとともに寝台車の床下にディーゼル発電機を設置することも問題視された。14系客車の製造は中断され、「分散電源方式」より20系客車のような「集中電源方式」の方が安全という判断が出されてしまったのだ。

集中電源方式で24系客車を開発

北陸トンネルで発生した急行「きたぐに」の火災事故をきっかけとして、国鉄では改めて列車火災に対する安全対策の検討が行われた。その結果、車両の難燃化・不燃化に対する基準が見直され、新造車はその基準に従うべく設計変更、従来車に対しては部材の取り替えなどが進められた。また、車内への消火器備え付けや増備、寝台車では煙感知器や非常用携帯電灯などの設置も行われた。寝台車は構造上いざという時に退避しにくく、もとより、眠っていたら異変にも気づきにくいのだ。そうした危険性への配慮も進んだのである。

こうした状況下、量産の始まっていた14系客車の製造は中断となった。床下には発電用のディーゼルエンジンが設置されており、これが火元になる可能性も危惧されたのである。その後、12系および14系客車では部材交換などで防火対策を強化、さらに床下ディーゼルエンジンについては自動消火装置を設置して万が一に備えた。

一方、20系客車の後継とするブルートレイン用客車の新製は急務でもあった。20系の老朽化は進み、なおかつ寝台車の需要が多かったのである。14系客車は製造中断となったものの、拡張および自動化された寝台など構造的には好評だったため、この設計を活かして防火対策を強化、電源については電源車を使う「集中電源方式」によって新系列車両が新製されることになった。

防火対策としては床構造のベースを木製から鉄製に変更、床合板もアルミ製とした。また、FRP製だった寝台枠もアルミ合金製とし、さらにシートやカーテンには防火処理が施された。このほか、電線を収納する配管も樹脂製から金属製とするなど、各部で徹底的な難燃化・不燃化がとられている。

この車両は24系客車と命名され、1973（昭和48）年に第一陣が誕生、同年10月のダイヤ改正を機に「あかつき」や「彗星」で運用を開始した。

24系客車はA寝台車（プルマン式）、B寝台車（側廊下式）、食堂車、電源車が製造されたが、この時代は寝台の居住性を改善する動きもあり、量産途中でB寝台を3段から2段化することになった。

もちろん、寝台の段数を減らすことで定員も減ってしまうが、新幹線の延伸や昼行特急の整備で夜行列車の需要が減ってきていたこと、さらに2段化すれば寝台のセット・解体の手間もかからず人員省力化にも役立つと計算されたのだ。2段式となった24系客車は24系25形と区分され、3段式のいわゆる24系24形客車の製造は1年だけに留まっている。

また、既存の14系客車も先述のような防火対策改造を施して運用を続けたが、さらに1978（昭和53）年には24系25形同様に2段寝台とした14系15形客車として増備された。分割・併合などの運用には14系が有利で、その需要を補う増備だった。なお、3段式だった24系24形、14系14形は、大半が国鉄晩年に2段化改造を受けている。

こうして2段式寝台が登場すると、3段式寝台とは居住性が大きく変わるため、料金面でも差別化することになった（価格は198ページの表参照）。この改定は1974（昭和49）年4月に実施されたが、その際、一般乗客でも明瞭に見分けられるように車両の出入口や時刻表に★印を使った標記が考案された。この時は「★」（3段式寝台客車）、「★★」（3段式寝台電車）、「★★★」（2段式寝台客車）の3パターンだったが、のちに「★★★★」も登場する。これは国鉄晩年のブルートレインのサービスアップで誕生した4人用個室「カルテット」を示すものだったが、このあたりからいろいろなタイプの個室が登場、時刻表の表示などもさらに変化していくことになる。

なお、14系では寝台車だけでなく、座席車も製造された。用途は12系客車のような臨時列車向けだが、座席を簡易リクライニングシートにして居住性をアップし、特急形客車として位置づけられた。

こうして14系は寝台車が約250両、座席車が約300両、24系が約500両製造され、20系の後継となる新型客車の陣容が揃った。これらが「ニュー・ブルートレイン」として国鉄晩年の夜行客車列車の主力車両となったのである。

山陽新幹線全通で夜行列車も様変わり

こうして新型客車の開発や量産が進むなか、新幹線の延伸も行われていた。日本の鉄道100周年を迎えた1972（昭和47）年の3月15日には山陽新幹線の新大阪〜岡山間が開業、さらに1975（昭和50）年3月10日には博多まで到達して山陽新幹線が全通した。これにより在来線の運行形態は様変わりし、夜行列車も大きな変化を受けている。

岡山開業時、山陽本線の昼行列車は新大阪発着列車の一部が岡山発着に変更されたが、夜行列車の運転系統そのものに大きな変化はなかった。ただし、このダイヤ改正に合わせて新鋭の14系客車が「さくら」「みずほ」、そして「あさかぜ」1往復に導入され、質的な改善が行われた。また、ここで捻出された20系客車を使用して東京〜浜田間の「出雲」、東京〜宇野間の「瀬戸」が新設され、関西発着の「あかつき」「彗星」が増発されている。583系寝台電車もこの時期まで増備が続いており、これを起用して「月光」も増発された。このほか、夜行急行でも若干の改革が行われている。

その後、24系24形、そして24系25形が登場、寝台特急では20系からの置き換えが進められ、サービス面が大きく改善されていった。博多開業を目前にした1975年2月時点で

1975年3月改正前後の寝台特急

列車名	運転区間	1975.2		1975.3	
あさかぜ	東京～博多	20系★	2	20系★	2
あさかぜ	〃	14系★	1	—	—
さくら	東京～長崎・佐世保	14系★	1	14系★	1
はやぶさ	東京～西鹿児島	20系★	1	24系★	1
みずほ	東京～熊本	14系★	1	14系★	1
富士	東京～西鹿児島	20系★	1	24系★	1
瀬戸	東京～宇野	20系★	1	20系★	1
出雲	東京～浜田	20系★	1	24系★	1
いなば	東京～米子	—	—	14系★	1*
紀伊	東京～紀伊勝浦	—	—	14系★	1*
金星	名古屋～博多	581系★★	1	583系★★	1
きりしま	京都～西鹿児島	581系★★	1	—	—
明星	新大阪～博多・熊本など	—	—	14系★	1*
明星	〃	—	—	14系座席	1
明星	〃	581系★★	4	583系★★	3
明星	〃	—	—	25形★★★	2*
あかつき	新大阪～西鹿児島・長崎	14系ほか★	6	14系★	2*
あかつき	〃	25形★★★	1	25形★★★	1*
なは	新大阪～西鹿児島	—	—	583系★★	2
彗星	新大阪～都城	14系ほか★	4*	—	—
彗星	〃	—	—	583系★★	2
彗星	〃	25形★★★	1	25形★★★	1
安芸	新大阪～下関	—	—	20系★	1
月光	岡山～博多・西鹿児島	581系★★	2	—	—
日本海	大阪～青森	20系★	1	14系★	1
つるぎ	大阪～新潟	20系★	1	20系★	1
はくつる	上野～青森	583系★★	1	583系★★	1
ゆうづる	上野～青森	20系★	4	20系★	4
ゆうづる	〃	583系★★	3	583系★★	3
あけぼの	上野～青森	20系★	1	20系★	1
北星	上野～盛岡	—	—	20系★	1
北陸	上野～金沢	—	—	20系★	1

＊印は一部区間を別列車と併結運転。「明星」14系座席：寝台連結なし

は寝台特急は前ページ表に示したような陣容での運行となっていた。また、２段式の★★★は少ないが、車両形式で見ると20系からの置き換えが進んでいることがわかる。

この時点では夜行急行も数多く設定され、山陽本線系統では「桜島・高千穂」（ともに東京～西鹿児島。東京～門司間併結運転）１往復、「阿蘇」（名古屋～熊本）１往復、「音戸《おんど》」（京都・新大阪～広島・下関）２往復、「天草」（京都～熊本）１往復、「雲仙」（京都～長崎）１往復、「日南」（京都・大阪～宮崎・都城）２往復、「つくし」（新大阪・大阪～博多）１往復、「屋久島」（大阪～西鹿児島）１往復、「西海」（大阪～佐世保）１往復と11往復が運行されていた。

しかし、新幹線博多開業を受けて山陽本線の運行体制は大きく変わることになった。昼行の特急・急行は基本的に全廃となり、夜行列車も大きく削減されたのである。

寝台特急の場合、「あさかぜ」が３往復から２往復、「あかつき」が７往復から３往復、「彗星」が５往復から３往復、「月光」２往復が廃止となったが、「明星」では４往復から６往復と増え、座席車だけで組成された「明星」も１往復新設されている。さらに新大阪～下関間に「安芸」も新設され、全体的には５往復の減少となった。

一方、夜行急行は「阿蘇」（新大阪～熊本）、「雲仙・西海」（新大阪～長崎・佐世保。新大阪～肥前山口間併結運転）、「くにさき」（大阪～大分）の計３往復（山陽本線区間）だけと激減した。また、ダイヤ改正前の「阿蘇」「雲仙」「西海」に連結されていた寝台車はなくなり、すべて14系座席車による運転となった。

結果的に山陽本線の夜行列車は山陽新幹線博多開業直前が最盛期だったのである。こうして新幹線の延伸は夜行列車の削減に進む大きなきっかけとなっていったのだ。

ただし、1975(昭和50)年3月改正時の夜行特急として見ると、先述の「安芸」のほか「いなば」(東京〜米子)、「紀伊」(東京〜紀伊勝浦)、「北星」(上野〜盛岡)、「北陸」(上野〜金沢)各1往復が新設されており、全国では合わせて寝台客車のブルートレイン28往復、座席客車1往復、寝台電車9往復といった陣容となっている。これは国鉄の夜行特急としては史上最高の規模でもあった。その後、内訳で多少の変化があるものの、これは1978(昭和53)年10月改正まで続いている。

なお、14系客車や24系客車の新製導入により、ブルートレイン(寝台特急)で運用されていた20系客車は徐々に余剰となってきた。状態の悪い車両は1973(昭和48)年から廃車されていったが、1976(昭和51)年からは急行への転用も始まった。

その第一陣は東京〜大阪間を結んでいた急行「銀河」で、同年2月20日から旧型客車から20系客車での運転となった。ちなみにこの車両は24系25形化された寝台特急「つるぎ」の転用だった。

続いて同年秋からは寝台特急「ゆうづる」編成の転用で上野〜仙台間の急行「新星」、寝台特急「北陸」の転用で上野〜秋田間の急行「天の川」も20系客車化された。いずれも

20系のフル編成で、急行ながらブルートレインと呼んでもおかしくない列車だった。このころから寝台急行や、座席車を連結した夜行急行もいっしょくたにブルートレインと呼ばれるようになっていったようだ。

ブルートレイン・ブーム

国鉄の夜行特急が最盛期を迎えたころ、ブルートレインは趣味の対象として大きな話題になり、東京駅や大阪駅などでブルートレインにカメラを向ける人々の姿が目立つようになってきた。東京駅では「さくら」「はやぶさ」「富士」「あさかぜ」などが発着していたが、当時、列車の先頭に立っていたＥＦ65Ｐ形にはヘッドマークが掲げられていた。実は当時、これが唯一定期列車に掲げられていたヘッドマークだったのである。

ヘッドマークは、戦後に運転された特急「つばめ」「はと」で起用されたのをきっかけとして国鉄特急列車のシンボルとなった。１９５６（昭和31）年に誕生した初の夜行特急「あさかぜ」にも用意され、先頭に立つ機関車に掲げられた。その後、夜行特急は20系客車の登場でブルートレインとして発展していくが、ここでもヘッドマークは使用され、列車名にちなんださまざまな意匠のヘッドマークが誕生した。

一方、列車にヘッドマークを掲出することは、業務面で大きな手間となる。特にブルートレインは長距離で運行され、始発から終点まで１両の機関車が担当することはまれだ。

途中で機関車を交換するなら、ヘッドマークはそれぞれの機関車に取り付けておく必要がある。ただし、製作費や保管場所を考えるとヘッドマークを無数につくるわけにはいかず、必要最小限の枚数で回していかねばならない。列車運行のためには、機関車、客車、乗務員などそれぞれの運用を定め、効率的に安全な運行を行っているが、ヘッドマークにもこれらと同じ扱いが必要なのだ。

やがて現場や管理者からヘッドマークの扱いが煩わしいという声が出てきた。1969(昭和44)年には門司機関区の電気機関車でヘッドマークの使用が中止となり、翌年10月には九州島内のディーゼル機関車もヘッドマークの掲出を中止した。これで九州を走るブルートレインは、すべてヘッドマークなしの運行となった。

この九州の動きはほかの線区にも波及し、1973(昭和48)年10月以降、ヘッドマーク付きで運行されているブルートレインは東海道・山陽本線の直流電気機関車だけとなってしまった。さらに1975(昭和50)年3月改正では、東京機関区が担当する東京発着のブルートレインだけとなってしまったのである。

ちなみに「SLブーム」として社会現象を引き起こした国鉄のSLも1974(昭和49)年12月で本線運転を終了、1975年3月には入換え用として残っていたSLも運用を終え、国鉄全線で完全引退となった。

鉄道愛好者、ブルートレイン愛好者にとっては、まさに暗黒の時代となってしまったのだ。

しかし、東京発着のブルートレインだけにヘッドマークが残ったという「希少性」は、新たな鉄道愛好者を呼び寄せることにもなった。

月刊『鉄道ファン』誌では1975年1月号で「ブルー・トレイン」特集を組んだ。巻頭グラフに始まり、ブルートレインの魅力をいろいろな切り口で紹介、70ページを超える大特集にまとめられていた。同年6月号には50・3ダイヤ改正による車両の組み替えなどを紹介した「〝ブルー・トレイン〟スペシャル」という記事が入り、さらに7月号には「あなたの〝ブルー・トレイン〟」というやはり70ページ超の特集が組まれた。

このあたりがきっかけになったと想像できるが、ポストSLのテーマとしてブルートレインに注目が集まり、やがて「ブルートレイン・ブーム」へと進んでいくのだ。

一般のマスコミが「ブルートレイン・ブーム」に注目するのは、1978（昭和53）年に入ってからだ。国立国会図書館の蔵書リストで調べると、同年4月発行の『ブルートレイン&スーパートレイン』（二見書房）あたりが口火をきったと思われる。これは64枚のカードで構成された商品で、写真・解説は鉄道写真家の廣田尚敬《なおたか》氏が担当している。

同年10月には西村京太郎氏の『寝台特急殺人事件』（光文社カッパ・ノベルズ）も上梓された。書名は「寝台特急」となっているが、ここに「ブルートレイン」のルビが添えられていた。ちなみに本書が西村氏の鉄道トラベルミステリーの原点ともいえる作品となった。

国立国会図書館蔵書リストによると、ブルートレイン関連書籍は同年に7点、翌年には14点と倍増、以後、JR発足にかけて毎年十数点が発行される盛況となった。

また、テレビでも取り上げられ、1978年3月5日には『日曜☆特バン 激走 夢の寝台特急 ブルートレインのすべて』がTBS系で全国放送された。番組は国鉄がスポンサーとなっていた日本テレビ系の『遠くへ行きたい』などにも出演していた女優の岸ユキさんらが寝台特急「富士」に乗車、ブルートレインの旅を紹介するというもの。また、翌1979（昭和54）年4月18日にはNHKの『新日本紀行』で『「青い流れ星にのって」～ブルートレイン・さくら号～』も放映されている。

こうして人々やマスコミからの注目を受けていたものの、実はこの時代、国鉄の経営は後述のように厳しい状況にあり、またブルートレインをはじめとする国鉄の利用者数も落ち込んでいた。

そんななか、東京駅に集まる中高生たちの姿にヒントを得たのだろうか、国鉄ではシェア改善策のひとつとして1978年10月ダイヤ改正を機にヘッドマークのテコ入れを始めた。それまで文字だけで表現されていた特急電車のヘッドマークをイラスト入りのカラフルなものに変更したのだ。ブルートレインの客車の前後にも文字だけのトレインマーク（先頭部は機関車が連結されているので、実質的にはテールマーク）が付いているが、これは翌1979年7月からイラスト入りに替えた。

このイラスト入りヘッドマークによる増収への効果は不明だが、ＰＲ効果はあると判断されたのだろう。国鉄晩年の１９８４（昭和59）年２月には九州エリアでヘッドマークが復活、同年10月には上野発着の「あけぼの」（ヘッドマーク復活は上野～黒磯間）、「ゆうづる」（同じく上野～水戸間）でヘッドマークが復活した。さらに翌１９８５（昭和60）年３月までに全国でブルートレインのヘッドマークが再掲出されるようになった。

度重なる値上げでブルトレ離れ

ブルートレインを中心とした国鉄の夜行列車が変化していく時代、国鉄の運営そのものも大きく変化していった。

実は国鉄の運営は１９６４（昭和39）年度に単年度収支で８３００億円の赤字となった。当初は繰り越し利益でカバーしたが、１９６６（昭和41）年度決算で完全な赤字に転落してしまう。その状況を何とか改善すべくさまざまな合理化もはかっていたが、その一方で運賃や料金の値上げにより収支のバランスをとることも考えたのだ。

この状況下で最初に実施されたのは、明治の鉄道創業時より引き継がれてきた「等級制度」の廃止である。１９６９（昭和44）年５月10日から２等は「普通」、１等は「グリーン」と呼ばれるようになった。これは呼称の変更だけでなく、運賃（乗車券）・料金（特急・急行・座席指定・寝台などのサービスに対する対価）制度が抜本的に変化したのだ。

国鉄晩年の運賃・料金改定

改定年月日	改定内容	初乗り運賃	寝台料金（客車B寝台の例）
1968（昭和43）10.1現在	43.10時点の状況	2等:20円/1等:40円	2等3段式上800円・中900円・下1000円
1969（昭和44）5.10	等級制廃止・運賃・料金改定	30円	3段式上中1100円・下1200円 2段式上下1600円
1974（昭和49）4.9	寝台料金改定		3段式上中1300円・下1400円、2段式上下1900円
1974（昭和49）10.1	運賃・料金改定		
1975（昭和50）3.10	料金改定		
1975（昭和50）11.20	料金改定		3段式上中下2000円、2段式上下　3000円
1976（昭和51）11.6	運賃・料金改定	60円	3段式上中下3000円、2段式上下　4000円
1977（昭和52）9.20	料金改定（一部値下げ）		
1978（昭和53）7.8	運賃改定	80円	
1978（昭和53）10.1	料金改定		3段式上中下3500円、2段式上下　4500円
1979（昭和54）1.1	通学定期割引率改定		
1979（昭和54）5.20	運賃改定	100円	
1980（昭和55）4.20	運賃・料金改定		
1981（昭和56）4.20	運賃・料金改定	110円	3段式上中下4000円、2段式上下　5000円
1981（昭和56）7.1	通学定期割引率改定		
1982（昭和57）4.20	運賃・料金改定	120円	3段式上中下4500円、2段式上下　5500円
1982（昭和57）9.1	通学定期割引率改定		
1984（昭和59）4.20	運賃・料金改定	130円（国電区間120円）	3段式上中下5000円、2段式上下　6000円
1985（昭和60）4.20	運賃・料金改定	140円（国電区間120円）	
1985（昭和60）9.1	通学定期割引率改定		
1986（昭和61）9.1	運賃・料金改定		

現在、グリーン車を利用する際、乗車券（運賃）にグリーン券（グリーン料金）を合わせて購入するスタイルだが、等級制度の時代は1等運賃、2等運賃と運賃そのものが等級別に設定されていた。等級制廃止で運賃が一元化され、グリーン席を利用する場合は、グリーン料金を加算する方式になったのである。

また、寝台の呼び名も変わった。等級制度だった最末期、寝台は1等と2等に分かれ、1等は個室タイプがA室および個室、中央通路式のカーテンで仕切るタイプがB室、2

等は客車寝台および電車寝台となっていた。等級制廃止で1等はA寝台、2等はB寝台となった。個室も引き続き使用され、これはA寝台1人用個室などとなる。

ちなみに寝台料金は旧等級の運賃差額を見込んだ設定で、A寝台使用時に1等運賃差額の補塡に相当するグリーン券を買う必要はない。言葉にすると複雑に思えるが、扱いはシンプルになったのである。

この等級制度廃止時に合わせて運賃・料金の改定も行われ、初乗り運賃は2等20円から普通車・グリーン車利用ともに均一30円になった。また、寝台料金も改定され、客車3段式の場合、上段800円、中段900円、下段1000円と各段別で設定されていた価格が上・中段はともに1100円、下段は1200円となった。

この時代、国鉄の運賃および料金は国鉄自身が自由に設定できるものではなかった。基幹となる運賃は国会の承認が必要だった。そのうえで運輸大臣（現在の国土交通大臣に相当）が認可する方式だった。また、料金は国鉄が骨子を作成、これを運輸大臣が承認した。

こうした制度上の違いはあったものの、1970年代、比較的安易に実施されたのが料金改定だった。1974（昭和49）年に導入が始まった2段式のB寝台は当初1900円だったが、1975（昭和50）年11月には3000円、翌1976（昭和51）年11月には4000円となった。さらに1978（昭和53）年10月には4500円、1981（昭和56）年4月に5000円、1982（昭和57）年4月に5500円、1984（昭和59）

年4月には6000円となってしまう。わずか10年で3倍超になってしまったのだ。ちなみに東京・新橋界隈の日本観光旅館連盟に属す一般的な旅館で見ると、1974年ごろは1泊2500～3500円、1984（昭和59）年ごろは4000～7000円と2倍ぐらいに宿泊料金が値上がりしている。

両者の価格を比較すると、当初、旅館より安く泊まれたブルートレインだったが、10年間で旅館並みか旅館以上の価格となってしまったのだ。

国鉄の値上げは料金に留まらず、抜本的な運賃にも矛先が向いた。国鉄経営を支援するという建前で1977（昭和52）年12月には「国有鉄道運賃法」が改正され、国鉄では物価等の変動による経費増加見込額を限度として運賃を設定、それが運輸大臣の認可を受けられれば運賃改定ができるとされた。結果として1970年代後半からは運賃と料金がセットで改定されるようになる。

この度重なる運賃と料金の改定により、国鉄から利用者離れが起こる。当然、国鉄側も値上げすれば利用が減ることは想定していたが、値上げ幅で減少分をカバーできると踏んでいたのだ。しかし、事態は国鉄の予想を上回った。寝ている間に目的地に移動できる便利なブルートレインだったが、さすがにこの値上げによる影響は大きく、乗客のブルートレイン離れが進んでしまうのだ。

さらに1980年代に入ると高速夜行バスも増えてくる。

日本の高速自動車道は、１９６５（昭和40）年に名神高速道路が全通、１９６９（昭和44）年に東名高速道路が全通と、鉄道整備に比べてやや遅れをとっていたが、その後、全国各地で急速に建設が進み、１９８２（昭和57）年には中央自動車道、１９８３（昭和58）年には中国自動車道、１９８５（昭和60）年には関越自動車道も全通、さらに東北・北陸・九州など主幹路線が次々と建設されていった。

こうした高速自動車道の整備に合わせて高速バスや高速夜行バスの路線が続々と誕生していったのである。

その運賃はおおむね国鉄の運賃と同じレベル。しかも所要時間は国鉄の普通列車を上回るケースも多く、強力なライバルとなったのである。さらにブルートレインで比べてみると特急料金と寝台料金が加算される。単純に価格だけで比較すると高速夜行バスに大きく水をあけられることになった。

また、利用者の国鉄離れは、ブルートレインだけでなく、国鉄の稼ぎ頭となる新幹線やそれを基軸に在来幹線に広げられた昼行特急でも現れた。はるかに高額と思われていた空路との価格格差が縮まり、区間によってはほとんど差がない状態になってきた。実はこの時代は地方空港の新設や整備も進められた。新たな空路が設定され、ジェット化も進み、その輸送力は拡張していく。結果としてシェアが国鉄から空路に移るのも当然の成り行きだった。

こうして国鉄の赤字は減るどころか増え続けていくことになる。

これは国にとって大きな問題となり、最終的に国鉄再建のための分割民営化に進むことになるが、それまで手をこまねいていたわけではない。例えば、赤字額の多い路線を「特定地方交通線」と定め、その廃止を進めた。そしてついに1979（昭和54）年には経費節減のため夜行旅客列車の廃止まで検討されている。

同年6月5日の「参議院運輸委員会」議事録を見ると、夜行列車問題の口火を切ったのは漫才グループ「漫画トリオ」の横山ノックこと山田勇氏だった。

「夜行列車の効率が悪いということでその縮小、廃止が国鉄再建の一環としまして取り上げられておりますが、具体的にはどう取り組んでいくんでしょうか。効率の悪い列車をある程度削減するのもやむを得ないかもしれませんが、ブルートレインなどといいまして、愛称で非常に親しまれておる夜行列車もございます」

これに対して第一次大平内閣の運輸大臣を務めていた森山欽司氏は「東京―西鹿児島でございましたか、直通特急列車があるが、そういう汽車は本当に必要なのかと。（中略）せっかく新幹線ができたわけでございますから、朝早く乗っていただいてそして博多から鹿児島までの特急列車をつくれば同じ目的を達成するのではないかと」と答弁している。

森山氏は1975（昭和50）年3月に全通した山陽新幹線の活用で代用できるとしたのだ。実はこのダイヤ改正に合わせて博多～西鹿児島間の特急「有明」は3往復から10往復に大増発されており、そのうちの半分は東京発の「ひかり」でも乗り継げた。今さら勉強不足を指摘する必要はないが、交通路としては完成していたのである。

この委員会には国鉄当事者も出席しており、国鉄総裁に就任して間もない高木文雄氏は、昨1978年10月改正で関西〜九州間のブルートレイン3往復などを廃止、様子を見ているとしたうえで、「夜行列車をうまく使って宿泊費その他が少なくて済むということで、会議等にお集まりになるのについて夜行列車を絶えず使っていらっしゃる方もございます（中略）需要に合った形で減らしていきたい」としている。

高木氏はブルートレインの価値を評価したうえで、国鉄全体の再建をめざしていたと思われる。実際、ブルートレインを削減したところで国鉄全体としてみれば大した合理化にはならなかったと思われる。それよりも全国一律だった国鉄運賃を輸送密度によって幹線と地方交通線に区分、それぞれに見合った価格に設定する方が得策としていた。これは高木氏の国鉄総裁退任後に実現することになる。

「ブルートレイン・ブーム」が巻き起こっていた時代、ブルートレインを取り巻く環境とそれを運営する国鉄は厳しい状態に追い込まれていたのである。

ロビーカーなどブルトレの改善をめざす

ブルートレインをはじめとする夜行列車は、1975（昭和50）年の山陽新幹線全通、

1982（昭和57）年の東北・上越新幹線開業により運行体制が大きく再編されることになった。具体的には新幹線を軸とした昼行特急を増やし、その分、需要の減ったブルートレインなどの夜行列車を整理したのである。

ここでは輸送需要に合わせて運行本数を減らし、余剰となった車両を活用するかたちで新たなブルートレインを設定したり、夜行急行にブルートレイン用寝台車を転用したりするようにもなった。さらにB寝台では3段式から2段式に変更、居住性の改善も進めた。当然のことながら1両あたりの定員は減少するが、これも輸送需要に見合ったものであった。

また、寝台電車として開発された581系・583系の老朽化も問題となった。何しろ昼夜兼行、休みなく走っているので、その分、車両の傷みは速かったのである。結果として寝台特急からの引退が続いた。定期夜行列車としては唯一急行「きたぐに」への転用があったが、大半は近郊形電車に改造されることになった。本来なら寝台特急からの引退時に廃車、近郊形電車を新製すべきものだったが、これは当時の国鉄の懐事情がなせる苦肉の策だった。改造車は東北・北陸・九州などに配属されたが、特にラッシュ時などの乗降が不便で、一部を除き10年足らずで引退している。

こうした改変にもかかわらず、夜行列車の利用は減少していった。先述のように度重なる値上げや周辺環境の変化で国鉄離れが生じていたのである。価格については1977

寝台電車の改造で誕生した近郊形電車715系（筆者撮影）

（昭和52）年に一度だけA寝台料金の値下げが行われているが、今さら値上げは考えられない。当時の国鉄は何とか低コストで新たな魅力を創生、乗客離れを防ごうと躍起になった。

実は「きたぐに」の583系化もその施策のひとつだった。それ以前の「きたぐに」は14系座席車＋14系寝台車（3段式寝台）による運行だった。車両としては当時の水準だったが、電車化によって所要時間短縮をはかり、下り列車の大阪発時刻は22時台から23時台へと1時間近く繰り下げた。これにより同区間を走る寝台特急「つるぎ」との差別化が明瞭になり、両列車全体で利用の幅が広がったのである。なお、寝台料金は14系客車の場合、上・中・下3段とも5000円だった。583系の場合、

「はやぶさ」で連結が始まったロビーカー（筆者撮影）

上・中段は同じく5000円だが、下段は6000円で、ささやかな値上げにも貢献している。

寝台特急の主力たる、ブルートレインの魅力創生第1弾となったのは「ロビーカー」だった。

ブルートレインの場合、どうしても車内で過ごす時間が長くなる。就寝中は寝台にいればいいが、起きている時間もある。日中の寝台は座席として使え、通路には折りたたみ式の座席も用意されていた。列車によっては食堂車もあったが、さらなるくつろぎの場としてソファーなどを備えたフリースペースのロビーカーを連結するアイディアが生まれた。

財政状態を考えれば車両を新造する余裕はなく、これはオハネ14形などの余剰車を改造することでまかなうことになった。寝台を撤去して広々とした空間をつくり、ここにソファーを配置した。さらにバーカウンターも用意し、新たなサービスの可能性も模索した。

こうして完成したロビーカーは、東京〜西鹿児島間を結んでいた「はやぶさ」から起用されることになった。

当時の「はやぶさ」は24系25形客車を使用、電源車を合わせて14両編成で運行されていたが、ここにロビーカーを連結すると15両編成となる。東京〜下関間は１９７８（昭和53）年からＥＦ65ＰＦ形が先頭に立っていたが、15両編成となると牽引力が不足してしまう。運転できないわけではないが、加速が下がり、勾配区間での速度も落ちてしまう。こうして所要時間が増えてしまっては本末転倒だ。

そこで重連運転可能なＥＦ65ＰＦ形の特性を活かして重連運転も検討されたが、これでは出力が過剰で、電気の供給施設にも余計な負担となる。かくして高速貨物用の強力機ＥＦ66形の起用となった。ただし、そこには国鉄貨物輸送の花形となっていた高速貨物列車の需要も落ち込み、ＥＦ66形が余剰気味だったという事情もある。

「はやぶさ」のロビーカー連結は１９８５（昭和60）年３月改正から始まり、併せて東京発着ブルートレイン牽引機のＥＦ66形化も進められた。ほかの列車はＥＦ65ＰＦ形のままでも運用できたが、機関車を統一することで運用は合理化され、また余剰となっていたＥＦ66形を無駄なく使えるという意味もあった。

ダイヤ改正からしばらくして「はやぶさ」に乗車、ロビーカーも利用してみたが、確かにゆとりある旅の演出には効果があったと思う。一方、実際の利用となると、疑問が残った。

1985年3月から EF66形がブルートレインの牽引も担当するようになった（筆者撮影）

多くの乗客はロビーカーを夕食や朝食などの駅弁を食べるスペースとして使っていた。寝台兼用の座席では、見ず知らずの人と向かい合わせ、そこでの食事はとりにくく、ロビーカーはありがたかった。ただし、食事が終わればすぐ自分の寝台に戻っていってしまった。食後もロビーカーに滞留しているのは、熱狂的なブルートレイン愛好者か飲酒を楽しむグループぐらいだった。

また、当時の「はやぶさ」は熊本駅で編成の半分を切り離していたが、ロビーカーが組み込まれていたのは食堂車とともに東京〜熊本間の編成だった。日中時間帯となる熊本〜西鹿児島間には連結されていなかったのである。実は西鹿児島まで連結すると運用上はさらにもう1両のロビーカーが必要になり、このあたりの事情も制約となっていたのだろう。

利用状況は別として、翌1986年11月からは東京〜宮崎間の「富士」にもロビーカーが連結されるようになった。こちらも「はやぶさ」同様、途中の大分駅で切り離す編成に組み込まれており、日中に活用できる時間は短かった。

こうした夜行列車の改革を進めるなか、国鉄では再建問題が最終段階に入っていた。1980（昭和55）年11月には「日本国有鉄道経営再建促進特別措置法（日本国有鉄道再建法）」が成立。その後、政府の臨時行政調査会で審議が続き、1982（昭和57）年には国鉄の分割民営化が答申された。国会での審議が続き、最終的に1986（昭和61）年11月に「国鉄改革関連法」が成立、1987（昭和62）年春に国鉄からJRグループへの移行が決定したのである。

この分割民営化を見据え、1986年11月1日には国鉄最後の全国ダイヤ改正が実施された。この時、大きく様変わりしたのは昼行列車だった。急行格上げによる特急が全国各地で大増発された。これにより編成が不足する分は、編成1本あたりの両数を減らすことで編成数を増やす、という錬金術のような対応でしのいでいる。

一方、夜行列車の場合、1975（昭和50）年以降、全国各地で大幅な減少を続けており、この時点で定期の寝台特急は46本（客車42本、電車4本）、急行は27本（客車22本、電車4本、気動車1本）、普通（快速を含む）は5本（客車1本、電車4本）となり、〃よん・さん・とお〃当時に比べると凋落《ちょうらく》と言えるような状況だった（第4章末の表「夜行列車一覧1986／昭和61年11月1日」参照）。こうした夜行列車の大半は、きたる分割民営化時、複数の会社をわたって運行されるものが多く、その日が来るまで車両や乗務員の担当区分などのさらなる調整が続けられたのである。

夜行列車一覧　1968/昭和43年10月1日　——その①——

列車番号	列車種別	列車名	始発駅名	発時刻	終着駅名	日付	着時刻	編成 座1	座2	寝1個	寝1A	寝1B	寝2	食堂
東海道・山陽本線(下り)														
31	急行	霧島	東京	1110	西鹿児島	翌日	1225	●	●					●
31/2031	急行	高千穂	東京	1110	西鹿児島	翌日	1525	●	●					
1	特急	さくら	東京	1640	長崎	翌日	1215			●		●	●	●
1/2001	特急	さくら	東京	1640	佐世保	翌日	1148					●	●	
3	特急	みずほ	東京	1700	熊本	翌日	1115					●	●	●
5	特急	はやぶさ	東京	1800	西鹿児島	翌日	1553					●	●	●
5/2005	特急	はやぶさ	東京	1800	長崎	翌日	1341					●	●	
7	特急	富士	東京	1830	西鹿児島	翌日	1857					●	●	●
9	特急	あさかぜ1号	東京	1850	博多	翌日	1120	●		●	●	●	●	●
11	特急	あさかぜ2号	東京	1910	博多	翌日	1140			●		●	●	●
33	急行	出雲	東京	1930	浜田	翌日	1415	●	●			●	●	●
35	急行	瀬戸1号	東京	1955	宇野	翌日	908	●				●	●	●
37	急行	安芸	東京	2005	広島	翌日	1215					●	●	●
201	急行	紀伊	東京	2030	紀伊勝浦	翌日	830	●	●			●	●	
201/2201	急行	紀伊	東京	2030	鳥羽	翌日	603		●				●	
201/211/221	急行	紀伊	東京	2030	王寺	翌日	631		●				●	
39	急行	瀬戸2号	東京	2045	宇野	翌日	1001	●	●			●	●	●
101	急行	銀河1号	東京	2145	大阪	翌日	717		●		●	●	●	
103	急行	銀河2号	東京	2240	姫路	翌日	929		●			●	●	
143M			東京	2330	美濃赤坂	翌日	727	●	●					
1213	急行	阿蘇	名古屋	1915	熊本	翌日	1151	●	●			●	●	
15M	特急	金星	名古屋	2242	博多	翌日	1005	●					●	●
709D	急行	のりくら6号	名古屋	2350	金沢	翌日	523	●	●					
207	急行	天草	京都	2010	熊本	翌日	1031	●	●			●	●	
209	急行	日南3号	京都	2025	都城	翌日	1602	●	●			●	●	
211	急行	雲仙2号	京都	2115	長崎	翌日	1319	●	●			●	●	●
623			京都	2125	宇野	翌日	301		●					
303	急行	音戸2号	京都	2258	広島	翌日	654	●	●				●	
21	特急	あかつき1号	新大阪	1828	西鹿児島	翌日	935					●	●	●
21/2021	特急	あかつき1号	新大阪	1828	長崎	翌日	721					●	●	
23	特急	彗星	新大阪	1928	宮崎	翌日	1031					●	●	●
11M	特急	明星	新大阪	2028	熊本	翌日	725	●					●	●
25	特急	あかつき2号	新大阪	2128	西鹿児島	翌日	1237					●	●	●
25/2025	特急	あかつき2号	新大阪	2128	佐世保	翌日	931					●	●	
13M	特急	月光2号	新大阪	2228	博多	翌日	750	●					●	●
301	急行	音戸1号	新大阪	2302	下関	翌日	952					●	●	

列車番号	列車種別	列車名	始発駅名	発時刻	終着駅名	日付	着時刻	編成 座1	座2	寝1個	寝1A	寝1B	寝2	食堂
212	急行	雲仙2号	長崎	1930	京都	翌日	1039	●	●			●	●	●
602M	急行	鷲羽1号	宇野	146	新大阪	当日	527	●	●					
14M	特急	月光1号	博多	2015	新大阪	翌日	545	●					●	●
302	急行	音戸2号	下関	1930	新大阪	翌日	623					●	●	
216	急行	つくし3号	博多	1913	新大阪	翌日	633		●			●	●	
26	特急	あかつき1号	西鹿児島	1535	新大阪	翌日	642					●	●	●
2026/26	特急	あかつき1号	佐世保	1835	新大阪	翌日	642					●	●	
24	特急	彗星	宮崎	1645	新大阪	翌日	742					●	●	●
12M	特急	明星	熊本	2140	新大阪	翌日	850	●					●	●
206	急行	日南3号	宮崎	1712	新大阪	翌日	1028	●	●			●	●	
22	特急	あかつき2号	西鹿児島	1925	新大阪	翌日	1042					●	●	●
2022/22	特急	あかつき2号	長崎	2200	新大阪	翌日	1042					●	●	
204	急行	西海1号	佐世保	1733	大阪	翌日	719	●	●				●	
202	急行	しろやま	西鹿児島	2005	大阪	翌日	1426	●	●			●	●	

8、2032、210、24、206＝日豊本線経由、2032/32＝2032列車は門司で32列車に併結、2002/2＝2002列車は肥前山口（現・江北）で2列車に併結、2006/6＝2006列車は鳥栖で6列車に併結、2202/202＝2202列車は多気で202列車に併結、222/212/202＝王寺～奈良間は普通222列車、奈良～亀山間は急行212列車、亀山で202列車に併結、2026/26＝2026列車は鳥栖で26列車に併結、2022/22＝2022列車は鳥栖で22列車に併結

高山本線														
709D	急行	のりくら6号	名古屋	2350	金沢	翌日	523	●	●					
708D	急行	のりくら7号	金沢	2258	名古屋	翌日	533	●	●					
関西本線・紀勢本線														
201	急行	紀伊	東京	2030	紀伊勝浦	翌日	830	●	●			●	●	
201/2201	急行	紀伊	東京	2030	鳥羽	翌日	603		●				●	
201/211/221	急行	紀伊	東京	2030	王寺	翌日	631		●				●	
921			名古屋	1515	天王寺	翌日	500	●	●				●	
907D	急行	紀州4号	名古屋	2325	紀伊勝浦	翌日	540	●	●					
926			天王寺	2240	名古屋	翌日	1310	●	●				●	
314D	急行	きのくに13号	天王寺	2330	新宮	翌日	530	●	●					
202	急行	紀伊	紀伊勝浦	1815	東京	翌日	615	●	●			●	●	
2202/202	急行	紀伊	鳥羽	2100	東京	翌日	615		●				●	
222/212/202	急行	紀伊	王寺	2047	東京	翌日	615		●				●	

926＝1等車および2等寝台車は天王寺～新宮間、和歌山市2321発2926列車を和歌山で併結、南海難波発の2等車も新宮まで併結、921＝1等車および2等寝台車は新宮～天王寺間、8926列車「いそつり」天王寺2225→新宮翌朝511も週末運転

夜行列車一覧　1968/昭和43年10月1日　――その②――

列車番号	列車種別	列車名	始発駅名	発時刻	終着駅名	日付	着時刻	編成 座1	座2	寝1個	寝1A	寝1B	寝2	食堂
617M	急行	鷲羽11号	新大阪	2325	宇野	翌日	309	●	●					
201	急行	しろやま	大阪	1500	西鹿児島	翌日	830	●	●			●	●	
203	急行	西海2号	大阪	1948	佐世保	翌日	953	●	●				●	
205	急行	日南1号	大阪	2006	宮崎	翌日	1312	●	●			●	●	
215	急行	つくし3号	大阪	2308	博多	翌日	1027		●			●	●	

2031、7、209、23、205＝日豊本線経由、31/2031＝西鹿児島行き編成は門司まで31列車に併結、門司から2031列車、1/2001＝佐世保行き編成は肥前山口（現・江北）まで1列車に併結、肥前山口から2001列車、5/2005＝長崎行き編成は鳥栖まで5列車に併結、鳥栖から2005列車、201/2201＝鳥羽行き編成は多気まで201列車に併結、多気から2201列車、201/211/221＝王寺行き編成は亀山まで201列車に併結、亀山～奈良間急行211列車、奈良～王寺間普通221列車、21/2021＝長崎行き編成は鳥栖まで21列車に併結、鳥栖から2021列車、25/2025＝佐世保行き編成は鳥栖まで25列車に併結、鳥栖から2025列車

東海道・山陽本線（上り）

列車番号	列車種別	列車名	始発駅名	発時刻	終着駅名	日付	着時刻	座1	座2	寝1個	寝1A	寝1B	寝2	食堂
144M			大垣	2032	東京	翌日	435	●	●					
202	急行	紀伊	紀伊勝浦	1815	東京	翌日	615	●	●			●	●	
2202/202	急行	紀伊	鳥羽	2100	東京	翌日	615		●				●	
222/212/202	急行	紀伊	王寺	2047	東京	翌日	615		●				●	
40	急行	瀬戸1号	宇野	1725	東京	翌日	630	●	●			●	●	●
38	急行	安芸	広島	1500	東京	翌日	640					●	●	●
102	急行	銀河1号	大阪	2130	東京	翌日	705		●		●	●	●	
34	急行	出雲	浜田	1150	東京	翌日	715	●	●			●	●	●
12	特急	あさかぜ1号	博多	1450	東京	翌日	730			●		●	●	●
10	特急	あさかぜ2号	博多	1700	東京	翌日	930	●		●	●	●	●	●
104	急行	銀河2号	姫路	2105	東京	翌日	939		●			●	●	
8	特急	富士	西鹿児島	915	東京	翌日	950					●	●	●
36	急行	瀬戸2号	宇野	1955	東京	翌日	1000	●				●	●	●
6	特急	はやぶさ	西鹿児島	1205	東京	翌日	1010					●	●	●
2006/6	特急	はやぶさ	長崎	1440	東京	翌日	1010					●	●	
4	特急	みずほ	熊本	1620	東京	翌日	1040					●	●	●
2	特急	さくら	長崎	1550	東京	翌日	1130			●		●	●	●
2002/2	特急	さくら	佐世保	1615	東京	翌日	1130					●	●	
32	急行	霧島	西鹿児島	1433	東京	翌日	1556	●	●					●
2032/32	急行	高千穂	西鹿児島	1154	東京	翌日	1556	●	●					
708D	急行	のりくら7号	金沢	2258	名古屋	翌日	533	●	●					
16M	特急	金星	博多	1850	名古屋	翌日	615	●					●	●
1214	急行	阿蘇	熊本	1715	名古屋	翌日	954	●	●			●	●	
304	急行	音戸1号	広島	2241	京都	翌日	608	●	●				●	
622			宇野	020	京都	当日	629		●					
210	急行	日南1号	都城	1146	京都	翌日	744	●	●			●	●	
208	急行	天草	熊本	1750	京都	翌日	809	●	●			●	●	

列車番号	列車種別	列車名	始発駅名	発時刻	終着駅名	日付	着時刻	編成						
								座1	座2	寝1個	寝1A	寝1B	寝2	食堂
3	特急	みずほ	東京	1700	熊本	翌日	1115					●	●	●
1213	急行	阿蘇	名古屋	1915	熊本	翌日	1151	●	●			●	●	
1121			門司港	2330	都城	翌日	1053		●					
101	急行	かいもん2号	門司港	2145	西鹿児島	翌日	600	●	●				●	
201	急行	しろやま	大阪	1500	西鹿児島	翌日	830	●	●			●	●	
21	特急	あかつき1号	新大阪	1828	西鹿児島	翌日	935					●	●	●
31	急行	霧島	東京	1110	西鹿児島	翌日	1225	●	●					●
25	特急	あかつき2号	新大阪	2128	西鹿児島	翌日	1237					●	●	●
5	特急	はやぶさ	東京	1800	西鹿児島	翌日	1553					●	●	●
1421			門司港	2239	長崎	翌日	637		●				●	
21/2021	特急	あかつき1号	新大阪	1828	長崎	翌日	721					●	●	
1	特急	さくら	東京	1640	長崎	翌日	1215			●		●	●	●
211	急行	雲仙2号	京都	2115	長崎	翌日	1319	●	●			●	●	●
5/2005	特急	はやぶさ	東京	1800	長崎	翌日	1341					●	●	
1421/2421			門司港	2239	佐世保	翌日	443		●					
25/2025	特急	あかつき2号	新大阪	2128	佐世保	翌日	931					●	●	
203	急行	西海2号	大阪	1948	佐世保	翌日	953	●	●				●	
1/2001	特急	さくら	東京	1640	佐世保	翌日	1148					●	●	
23	特急	彗星	新大阪	1928	宮崎	翌日	1031					●	●	●
205	急行	日南1号	大阪	2006	宮崎	翌日	1312	●	●			●	●	
209	急行	日南3号	京都	2025	都城	翌日	1602	●	●			●	●	
521			門司港	2135	西鹿児島	翌日	945		●				●	
31/2031	急行	高千穂	東京	1110	西鹿児島	翌日	1525	●	●					
7	特急	富士	東京	1830	西鹿児島	翌日	1857					●	●	●

23、205、209、521、2031、7＝日豊本線経由、1121＝鹿児島本線、肥薩線、吉都線経由、31/2031＝日豊本線経由の西鹿児島行き編成は門司まで31列車に併結、門司から2031列車、21/2021＝長崎行き編成は鳥栖まで21列車に併結、鳥栖から2021列車、25/2025＝長崎行き編成は鳥栖まで25列車に併結、鳥栖から2025列車、25/2005＝佐世保行き編成は鳥栖まで5列車に併結、鳥栖から2005列車、1421/2421＝佐世保行き編成は早岐まで1421列車に併結、早岐から2421列車、1/2001＝佐世保行き編成は肥前山口(現・江北)まで1列車に併結、肥前山口から2001列車

1042			鹿児島	2002	八代	翌日	121		●					
6	特急	はやぶさ	西鹿児島	1205	東京	翌日	1010					●	●	●
32	急行	霧島	西鹿児島	1433	東京	翌日	1556	●	●					●
26	特急	あかつき1号	西鹿児島	1535	新大阪	翌日	642					●	●	●
22	特急	あかつき2号	西鹿児島	1925	新大阪	翌日	1042					●	●	●
202	急行	しろやま	西鹿児島	2005	大阪	翌日	1426	●	●			●	●	

夜行列車一覧　1968/昭和43年10月1日　——その③——

列車番号	列車種別	列車名	始発駅名	発時刻	終着駅名	日付	着時刻	編成 座1	座2	寝1個	寝1A	寝1B	寝2	食堂
山陰本線・木次線・芸備線														
33	急行	出雲	東京	1930	浜田	翌日	1415	●	●			●	●	●
829			京都	2203	下関	翌日	1842		●				●	
701/121	急行	だいせん3号	大阪	2125	大社	翌日	715	●	●			●	●	
801	急行	さんべ3号	米子	2200	博多	翌日	730	●	●				●	
615D	急行	ちどり4号	米子	2240	広島	翌日	500	●	●					
852D			下関	2332	長門市	翌日	211		●					
426D/616D	急行	ちどり4号	岩国	2255	米子	翌日	600	●	●					
802	急行	さんべ3号	博多	2152	米子	翌日	702	●	●				●	
614D	急行	ちどり3号	広島	2258	鳥取	翌日	635	●	●					
702	急行	だいせん4号	出雲市	2120	大阪	翌日	643	●	●			●	●	
826			下関	858	京都	翌日	524		●				●	
34	急行	出雲	浜田	1150	東京	翌日	715	●	●			●	●	●

615D、616D、614D＝木次・芸備線経由、701/121＝大阪〜出雲市間は急行701列車、出雲市〜大社間は普通121列車、426D/616D＝岩国〜広島間は普通426D列車、広島〜米子間は急行616D列車、829、826＝2等寝台車は京都〜出雲市間

列車番号	列車種別	列車名	始発駅名	発時刻	終着駅名	日付	着時刻	座1	座2	寝1個	寝1A	寝1B	寝2	食堂
四国方面														
619D	急行	うわじま1号	高松	050	宇和島	当日	706	●	●					
721D	快速		高松	020	土佐佐賀	当日	747	●	●					
620D	急行	うわじま9号	宇和島	2135	高松	翌日	323	●	●					
168D			松山	2115	多度津	翌日	121		●					
764D/268D	快速		窪川	2132	高松	翌日	341	●	●					

764D/268D＝窪川〜高知間は764D列車、高知〜高松間は268D列車

列車番号	列車種別	列車名	始発駅名	発時刻	終着駅名	日付	着時刻	座1	座2	寝1個	寝1A	寝1B	寝2	食堂
九州方面														
801	急行	さんべ3号	米子	2200	博多	翌日	730	●	●				●	
13M	特急	月光2号	新大阪	2228	博多	翌日	750	●					●	●
15M	特急	金星	名古屋	2242	博多	翌日	1005	●					●	●
215	急行	つくし3号	大阪	2308	博多	翌日	1027		●			●	●	
9	特急	あさかぜ1号	東京	1850	博多	翌日	1120	●		●	●	●	●	●
11	特急	あさかぜ2号	東京	1910	博多	翌日	1140			●		●	●	●
11M	特急	明星	新大阪	2028	熊本	翌日	725	●					●	●
207	急行	天草	京都	2010	熊本	翌日	1031	●	●			●	●	

列車番号	列車種別	列車名	始発駅名	発時刻	終着駅名	日付	着時刻	編成						
								座1	座2	寝1個	寝1A	寝1B	寝2	食堂
503	急行	つるぎ	大阪	2330	富山	翌日	611		●			●	●	
604	急行	越前	福井	1920	上野	翌日	703	●	●			●	●	
1602	急行	北陸2号	金沢	2015	上野	翌日	634	●				●	●	

604＝信越本線経由、1602＝上越線経由

603	急行	越前	上野	2040	福井	翌日	733	●	●			●	●	
1601	急行	北陸2号	上野	2128	金沢	翌日	755	●				●	●	
528			新潟	1515	米原	翌日	511		●					
508M	急行	立山4号	富山	2200	大阪	翌日	501	●	●					
504	急行	つるぎ	富山	2230	大阪	翌日	513		●			●	●	
502	急行	きたぐに	青森	1151	大阪	翌日	922	●	●			●	●	●
2002	特急	日本海	青森	1630	大阪	翌日	926					●	●	●

603＝信越本線経由、1601＝上越線経由

信越本線・上越線・羽越本線

603*	急行	越前	上野	2040	福井	翌日	733	●	●			●	●	
801	急行	鳥海2号	上野	2100	秋田	翌日	847	●	●			●	●	
1601	急行	北陸2号	上野	2128	金沢	翌日	755	●				●	●	
735M			上野	2212	長岡	翌日	453		●					
701	急行	天の川	上野	2248	新潟	翌日	520					●	●	
341*			上野	2259	直江津	翌日	818		●					
709M	急行	佐渡7号	上野	2311	新潟	翌日	527	●	●					
301/2321*	急行	妙高4号	上野	2358	直江津	翌日	725		●			●	●	

603*, 341*、301/2321*＝信越本線経由、801、1601、735M、701、709M＝上越線経由、301/2321*＝上野～長野間は急行301列車、長野～直江津間は普通2321列車

2322/302*	急行	妙高4号	直江津	2135	上野	翌日	450		●			●	●	
710M	急行	佐渡8号	新潟	2255	上野	翌日	500	●	●					
734M			長岡	2250	上野	翌日	509		●					
702	急行	天の川	新潟	2305	上野	翌日	540					●	●	
1602	急行	北陸2号	金沢	2015	上野	翌日	634	●				●	●	
802	急行	鳥海3号	秋田	1905	上野	翌日	642	●	●			●	●	
604*	急行	越前	福井	1920	上野	翌日	703	●	●			●	●	

2322/302*、604*＝信越本線経由、710M、734M、702、1602、802＝上越線経由、2322/302*＝直江津～長野間は普通2322列車、長野～上野間は急行302列車

中央本線

411M	急行	アルプス10号	新宿	2315	南小谷	翌日	643	●	●					
413M/2423M	急行	アルプス11号	新宿	2345	南小谷	翌日	726	●	●					
425			新宿	2355	長野	翌日	1016		●					
809D	急行	きそ7号	名古屋	2327	長野	翌日	506	●	●					
815	急行	きそ8号	名古屋	2355	長野	翌日	548		●				●	
1803D	急行	ちくま3号	大阪	2151	長野	翌日	653	●	●					
424			長野	1825	新宿	翌日	423		●					

夜行列車一覧　1968/昭和43年10月1日　——その④——

列車番号	列車種別	列車名	始発駅名	発時刻	終着駅名	日付	着時刻	編成 座1	座2	寝1個	寝1A	寝1B	寝2	食堂
102	急行	かいもん3号	西鹿児島	2300	門司港	翌日	722	●	●				●	
1122			都城	1948	門司	翌日	748		●					
4	特急	みずほ	熊本	1620	東京	翌日	1040					●	●	●
1214	急行	阿蘇	熊本	1715	名古屋	翌日	954	●	●			●	●	
208	急行	天草	熊本	1750	京都	翌日	809	●	●			●	●	
12M	特急	明星	熊本	2140	新大阪	翌日	850	●					●	●
12	特急	あさかぜ1号	博多	1450	東京	翌日	730			●		●	●	●
10	特急	あさかぜ2号	博多	1700	東京	翌日	930	●		●	●	●	●	●
16M	特急	金星	博多	1850	名古屋	翌日	615	●					●	●
216	急行	つくし3号	博多	1913	新大阪	翌日	633		●			●	●	
14M	特急	月光1号	博多	2015	新大阪	翌日	545	●					●	●
802	急行	さんべ3号	博多	2152	米子	翌日	702	●	●				●	
2006/6	特急	はやぶさ	長崎	1440	東京	翌日	1010					●	●	
2	特急	さくら	長崎	1550	東京	翌日	1130			●		●	●	●
212	急行	雲仙2号	長崎	1930	京都	翌日	1039	●	●			●	●	●
2022/22	特急	あかつき2号	長崎	2200	新大阪	翌日	1042					●	●	
1422			長崎	2301	門司港	翌日	748		●				●	
2422/1422			佐世保	047	門司港	当日	748		●					
2002/2	特急	さくら	佐世保	1615	東京	翌日	1130					●	●	
204	急行	西海1号	佐世保	1733	大阪	翌日	719	●	●				●	
2026/26	特急	あかつき1号	佐世保	1835	新大阪	翌日	642					●	●	
8	特急	富士	西鹿児島	915	東京	翌日	950					●	●	●
2032/32	急行	高千穂	西鹿児島	1154	東京	翌日	1556	●	●					
522			西鹿児島	1901	門司港	翌日	752		●				●	
210	急行	日南1号	都城	1146	京都	翌日	744	●	●			●	●	
24	特急	彗星	宮崎	1645	新大阪	翌日	742					●	●	●
206	急行	日南3号	宮崎	1712	新大阪	翌日	1028	●	●			●	●	

8、2032、522、210、24、206＝日豊本線経由、1122＝吉都線、肥薩線、鹿児島本線経由、2006/6＝2006列車は鳥栖で6列車に併結、2022/22＝2022列車は鳥栖で22列車に併結、2422/1422＝佐世保～早岐間2422列車は早岐で1422列車に併結、2002/2＝2002列車は肥前山口（現・江北）で2列車に併結、2026/26＝2026列車は鳥栖で26列車に併結、2032/32＝2032列車は門司で32列車に併結

北陸・信越・羽越・奥羽本線（日本海縦貫線）														
2001	特急	日本海	大阪	1930	青森	翌日	1150					●	●	●
501	急行	きたぐに	大阪	2045	青森	翌日	1832	●	●			●	●	●
525			大阪	2217	新潟	翌日	1412		●					
507M	急行	立山4号	大阪	2305	富山	翌日	553	●	●					

列車番号	列車種別	列車名	始発駅名	発時刻	終着駅名	日付	着時刻	編成						
								座1	座2	寝1個	寝1A	寝1B	寝2	食堂
404D	急行	出羽	酒田	1937	上野	翌日	514	●	●					
204*	急行	十和田3号	青森	1643	上野	翌日	530	●	●				●	●
1102	急行	新星	仙台	2315	上野	翌日	544					●	●	
106M	急行	いわて4号	盛岡	2030	上野	翌日	548	●	●					
2024*	特急	ゆうづる1号	青森	1925	上野	翌日	600		●			●	●	●
104	急行	北星	盛岡	2110	上野	翌日	614					●	●	
402	急行	津軽1号	青森	1445	上野	翌日	623	●	●			●	●	
4M*	特急	ゆうづる2号	青森	2110	上野	翌日	640	●					●	●
404	急行	おが2号	秋田	1950	上野	翌日	650	●	●				●	
206*	急行	十和田5号	青森	1900	上野	翌日	653	●	●			●	●	●
6M	特急	はくつる	青森	2355	上野	翌日	910	●					●	●
208*	急行	十和田6号	青森	2130	上野	翌日	951	●	●			●	●	●
406	急行	津軽2号	青森	1915	上野	翌日	1013	●	●			●	●	
102	急行	八甲田2号	青森	2359	上野	翌日	1120	●	●				●	

228*、204*、2024*、4M*、206*、208*＝常磐線経由、422、404D、402、404、406＝奥羽本線経由、1124/1104＝仙台～福島間は普通1124列車、福島～上野間は急行1104列車、2204/1104＝会津若松～郡山間は2204列車、郡山で1104列車に併結

北海道方面

列車番号	列車種別	列車名	始発駅名	発時刻	終着駅名	日付	着時刻	座1	座2	寝1個	寝1A	寝1B	寝2	食堂
123/517/1527	急行	大雪6号	函館	1228	網走	翌日	758	●	●			●	●	
1217	急行	すずらん6号	函館	2346	札幌	翌日	610	●	●			●	●	
421			函館	2352	釧路	翌日	1912		●					
423			小樽	2128	釧路	翌日	936	●	●				●	
317	急行	利尻2号	札幌	2100	稚内	翌日	641	●	●			●	●	
417	急行	狩勝4号	札幌	2130	釧路	翌日	620	●	●			●	●	
318	急行	利尻2号	稚内	2025	札幌	翌日	540	●	●			●	●	
418	急行	狩勝3号	釧路	2125	札幌	翌日	630	●	●			●	●	
424			釧路	1900	小樽	翌日	655	●	●				●	
1422/422			釧路	810	函館	翌日	500		●					
1218	急行	すずらん6号	札幌	2300	函館	翌日	615	●	●			●	●	
1528/518/124	急行	大雪6号	網走	2040	函館	翌日	1635	●	●			●	●	

123/517/1527＝函館～札幌間は普通123列車、札幌～北見間は急行517列車、北見～網走間は普通1527列車、1422/422＝釧路～新得間は1422列車、新得～函館間は422列車、1528/518/124＝網走～北見間は普通1528列車、北見～札幌間は急行518列車、札幌～函館間は普通124列車

＊日本交通公社『国鉄監修　交通公社の時刻表』昭和43年10月号より作成

夜行列車一覧　1968/昭和43年10月1日　——その⑤——

列車番号	列車種別	列車名	始発駅名	発時刻	終着駅名	日付	着時刻	編成 座1	座2	寝1個	寝1A	寝1B	寝2	食堂
414M	急行	アルプス11号	南小谷	2158	新宿	翌日	505	●	●					
1804D	急行	ちくま3号	長野	2145	大阪	翌日	643	●	●					
810D	急行	きそ6号	長野	2300	名古屋	翌日	530	●	●					
816	急行	きそ7号	長野	2320	名古屋	翌日	600		●				●	

413M/2423M＝新宿〜松本間は急行413M列車、松本〜南小谷間は普通2423M列車

東北・常磐・奥羽本線

列車番号	列車種別	列車名	始発駅名	発時刻	終着駅名	日付	着時刻	座1	座2	寝1個	寝1A	寝1B	寝2	食堂
101	急行	八甲田2号	上野	1900	青森	翌日	615	●	●				●	
3M*	特急	ゆうづる1号	上野	1930	青森	翌日	500	●					●	●
401	急行	津軽1号	上野	1935	青森	翌日	1001	●	●			●	●	
203*	急行	十和田4号	上野	2035	青森	翌日	859	●	●			●	●	●
403	急行	おが3号	上野	2115	秋田	翌日	836	●	●				●	
5M	特急	はくつる	上野	2155	青森	翌日	705	●					●	●
103	急行	北星	上野	2208	盛岡	翌日	700					●	●	
405	急行	津軽2号	上野	2222	青森	翌日	1336	●	●			●	●	
227*			上野	2224	仙台	翌日	845		●					
421			上野	2239	青森	翌日	2155		●					
205*	急行	十和田5号	上野	2240	青森	翌日	1110	●	●			●	●	●
2023*	特急	ゆうづる2号	上野	2300	青森	翌日	935		●			●	●	●
403D	急行	出羽	上野	2308	酒田	翌日	814	●	●					
107M	急行	いわて4号	上野	2317	盛岡	翌日	825	●	●					
207*	急行	十和田7号	上野	2330	青森	翌日	1230	●	●				●	●
1101	急行	新星	上野	2340	仙台	翌日	610					●	●	
1103/1123	急行	あづま2号	上野	2354	仙台	翌日	821	●	●					
1103/2203	急行	ばんだい6号	上野	2354	会津若松	翌日	555	●	●				●	
599M			大宮	2352	宇都宮	翌日	124		●					

3M*、203*、227*、205*、2023*、207*＝常磐線経由、401、403、405、421、403D＝奥羽本線経由、1103/1123＝上野〜福島間は急行1103列車、福島〜仙台間は普通1123列車、1103/2203＝会津若松行き編成は郡山まで1103列車に併結、郡山から普通2203列車

列車番号	列車種別	列車名	始発駅名	発時刻	終着駅名	日付	着時刻	座1	座2	寝1個	寝1A	寝1B	寝2	食堂
422			青森	629	上野	翌日	436		●					
1124/1104	急行	あづま2号	仙台	2052	上野	翌日	444	●	●					
2204/1104	急行	ばんだい6号	会津若松	2300	上野	翌日	444	●	●				●	
228*			青森	1030	上野	翌日	455		●					

列車番号	列車種別	列車名	始発駅名	発時刻	終着駅名	日付	着時刻	編成 座G	座普	寝A個	寝A	寝B個	寝B2段	寝B3段	寝B電車	ロビー	食堂
32	特急	なは	西鹿児島	1900	新大阪	翌日	928						●				

8、34＝日豊本線経由、4002/2＝4002列車は肥前山口（現・江北）で2列車に併結、4006/6＝4006列車は鳥栖で6列車に併結、4036/36＝4036列車は肥前山口（現・江北）で36列車に併結

阪和線・紀勢本線

列車番号	列車種別	列車名	始発駅名	発時刻	終着駅名	日付	着時刻	座G	座普	寝A個	寝A	寝B個	寝B2段	寝B3段	寝B電車	ロビー	食堂
922M	普通		天王寺	2300	新宮	翌日	501		●								

山陰本線

列車番号	列車種別	列車名	始発駅名	発時刻	終着駅名	日付	着時刻	座G	座普	寝A個	寝A	寝B個	寝B2段	寝B3段	寝B電車	ロビー	食堂
705/3735	急行	だいせん	大阪	2220	出雲市	翌日	649		●					●			
1001	特急	出雲1号	東京	1850	浜田	翌日	957			●			●				●
1003	特急	出雲3号	東京	2120	出雲市	翌日	1050				●		●				
1004	特急	出雲4号	浜田	1537	東京	翌日	658			●			●				●
1002	特急	出雲2号	出雲市	1639	東京	翌日	630				●		●				
736/3736/706	急行	だいせん	出雲市	2030	大阪	翌日	626		●					●			

705/3735＝大阪～倉吉間は急行705列車、倉吉～出雲市間は快速3735列車、736/3736/706＝出雲市～米子間は普通736列車、米子～倉吉間は快速3736列車、倉吉～大阪間は急行706列車

四国方面

列車番号	列車種別	列車名	始発駅名	発時刻	終着駅名	日付	着時刻	座G	座普	寝A個	寝A	寝B個	寝B2段	寝B3段	寝B電車	ロビー	食堂
601D/1641D	急行	うわじま1号	高松	050	宇和島	当日	655		●								
221	快速		高松	053	高知	当日	435		●								

601D/1641D＝高松～八幡浜間は急行601D列車、八幡浜～宇和島間は普通1641D列車

九州方面

列車番号	列車種別	列車名	始発駅名	発時刻	終着駅名	日付	着時刻	座G	座普	寝A個	寝A	寝B個	寝B2段	寝B3段	寝B電車	ロビー	食堂
9	特急	あさかぜ1号	東京	1905	博多	翌日	1051			●		●	●				●
101	急行	かいもん	門司港	2202	西鹿児島	翌日	615		●				●				
501/2541	急行	日南	門司港	2250	西鹿児島	翌日	916		●				●				
31	特急	なは	新大阪	2023	西鹿児島	翌日	1035						●				
3	特急	はやぶさ	東京	1705	西鹿児島	翌日	1334			●			●			●	●
35	特急	あかつき	新大阪	2055	長崎	翌日	842						●				
35/4035	特急	あかつき	新大阪	2055	佐世保	翌日	835		●				●				
1	特急	さくら	東京	1640	長崎	翌日	1040				●	●	●				●
1/4001	特急	さくら	東京	1640	佐世保	翌日	1027						●				
5	特急	みずほ	東京	1805	熊本	翌日	1111				●	●	●				●
5/4005	特急	みずほ	東京	1805	長崎	翌日	1206						●				
33	特急	彗星	新大阪	2046	都城	翌日	1127						●				
7	特急	富士	東京	1820	宮崎	翌日	1428			●			●			●	●

7、33、501/2541＝日豊本線経由、1/4001＝佐世保行き編成は肥前山口（現・江北）まで1列車に併結、肥前山口から4001列車、5/4005＝長崎行き編成は鳥栖まで5列車に併結、鳥栖から4005列車、35/4035＝佐世保行き編成は肥前山口（現・江北）まで35列車に併結、肥前山口から4035列車、501/2451＝門司港～宮崎間は急行501列車、宮崎～西鹿児島間は普通2541列車

列車番号	列車種別	列車名	始発駅名	発時刻	終着駅名	日付	着時刻	座G	座普	寝A個	寝A	寝B個	寝B2段	寝B3段	寝B電車	ロビー	食堂
10	特急	あさかぜ4号	博多	1738	東京	翌日	930			●		●	●				●
4	特急	はやぶさ	西鹿児島	1311	東京	翌日	1009			●			●			●	●
32	特急	なは	西鹿児島	1900	新大阪	翌日	928						●				

夜行列車一覧　1986/昭和61年11月1日　——その①——

列車番号	列車種別	列車名	始発駅名	発時刻	終着駅名	日付	着時刻	編成 座G	座普	寝A個	寝A	寝B個	寝B2段	寝B3段	寝B電車	ロビー	食堂
東海道・山陽本線（下り）																	
1	特急	さくら	東京	1640	長崎	翌日	1040				●	●	●				●
1/4001	特急	さくら	東京	1640	佐世保	翌日	1027						●				
3	特急	はやぶさ	東京	1705	西鹿児島	翌日	1334			●			●			●	●
5	特急	みずほ	東京	1805	熊本	翌日	1111				●	●	●				●
5/4005	特急	みずほ	東京	1805	長崎	翌日	1206						●				
7	特急	富士	東京	1820	宮崎	翌日	1428			●			●			●	●
1001	特急	出雲1号	東京	1850	浜田	翌日	957			●			●				●
9	特急	あさかぜ1号	東京	1905	博多	翌日	1051			●		●	●				●
11	特急	あさかぜ3号	東京	1920	下関	翌日	955						●				
13	特急	瀬戸	東京	2105	宇野	翌日	703						●				
1003	特急	出雲3号	東京	2120	出雲市	翌日	1050				●		●				
101	急行	銀河	東京	2245	大阪	翌日	743				●		●				
345M	普通		東京	2325	大垣	翌日	658	●	●								
31	特急	なは	新大阪	2023	西鹿児島	翌日	1035						●				
33	特急	彗星	新大阪	2046	都城	翌日	1127						●				
35	特急	あかつき	新大阪	2055	長崎	翌日	842						●				
35/4035	特急	あかつき	新大阪	2055	佐世保	翌日	835		●				●				

7、33＝日豊本線経由、1/4001＝佐世保行き編成は肥前山口（現・江北）まで1列車に併結、肥前山口から4001列車、5/4005＝長崎行き編成は鳥栖まで5列車に併結、鳥栖から4005列車、35/4035＝佐世保行き編成は肥前山口（現・江北）まで35列車に併結、肥前山口から4035列車

列車番号	列車種別	列車名	始発駅名	発時刻	終着駅名	日付	着時刻	座G	座普	寝A個	寝A	寝B個	寝B2段	寝B3段	寝B電車	ロビー	食堂
東海道・山陽本線（上り）																	
340M	普通		大垣	2215	東京	翌日	442	●	●								
1002	特急	出雲2号	出雲市	1639	東京	翌日	630				●		●				
102	急行	銀河	大阪	2210	東京	翌日	654				●		●				
1004	特急	出雲4号	浜田	1537	東京	翌日	658			●			●				●
14	特急	瀬戸	宇野	2108	東京	翌日	711						●				
12	特急	あさかぜ2号	下関	1640	東京	翌日	725						●				
10	特急	あさかぜ4号	博多	1738	東京	翌日	930			●		●	●				●
8	特急	富士	宮崎	1319	東京	翌日	959			●			●			●	●
4	特急	はやぶさ	西鹿児島	1311	東京	翌日	1009			●			●			●	●
6	特急	みずほ	熊本	1732	東京	翌日	1100				●	●	●				●
4006/6	特急	みずほ	長崎	1645	東京	翌日	1100						●				
2	特急	さくら	長崎	1702	東京	翌日	1126				●	●	●				●
4002/2	特急	さくら	佐世保	1730	東京	翌日	1126						●				
34	特急	彗星	都城	1645	新大阪	翌日	729						●				
36	特急	あかつき	長崎	1943	新大阪	翌日	742						●				
4036/36	特急	あかつき	佐世保	2009	新大阪	翌日	742		●				●				

列車番号	列車種別	列車名	始発駅名	発時刻	終着駅名	日付	着時刻	編成									
								座G	座普	寝A個	寝A	寝B個	寝B2段	寝B3段	寝B電車	ロビー	食堂
東北・常磐・奥羽本線																	
1M	特急	ゆうづる1号	上野	1950	青森	翌日	508	●							●		
1001	特急	あけぼの1号	上野	2050	青森	翌日	907				●		●				
103	急行	八甲田	上野	2118	青森	翌日	908		●								
1003	特急	あけぼの3号	上野	2200	青森	翌日	1030						●				
11M	特急	はくつる1号	上野	2220	青森	翌日	715	●							●		
1005	特急	あけぼの5号	上野	2224	秋田	翌日	730				●		●				
401	急行	津軽	上野	2230	青森	翌日	1217		●								
5	特急	ゆうづる5号	上野	2312	青森	翌日	955				●		●				

1M、5＝常磐線経由、401、1001、1003、1005＝奥羽本線経由

								座G	座普	寝A個	寝A	寝B個	寝B2段	寝B3段	寝B電車	ロビー	食堂
402	急行	津軽	青森	1554	上野	翌日	554		●								
4	特急	ゆうづる4号	青森	1917	上野	翌日	608				●		●				
1002	特急	あけぼの2号	秋田	2050	上野	翌日	612				●		●				
1004	特急	あけぼの4号	青森	1806	上野	翌日	633						●				
6M	特急	ゆうづる6号	青森	2119	上野	翌日	640	●							●		
104	急行	八甲田	青森	1954	上野	翌日	654		●								
1006	特急	あけぼの6号	青森	2015	上野	翌日	914				●		●				
14M	特急	はくつる4号	青森	2355	上野	翌日	917	●							●		

4、6M＝常磐線経由、402、1002、1004、1006＝奥羽本線経由

								座G	座普	寝A個	寝A	寝B個	寝B2段	寝B3段	寝B電車	ロビー	食堂
北海道方面																	
311	急行	利尻	札幌	2150	稚内	翌日	600		●				●				
411	急行	まりも	札幌	2225	釧路	翌日	610		●				●				
511	急行	大雪	札幌	2230	網走	翌日	622		●				●				
312	急行	利尻	稚内	2140	札幌	翌日	555		●				●				
512	急行	大雪	網走	2130	札幌	翌日	635		●				●				
412	急行	まりも	釧路	2225	札幌	翌日	652		●				●				

座G＝グリーン座席、座普＝普通座席、寝A個＝A寝台個室、寝A＝A寝台、寝B個＝B寝台個室（★★★★/カルテット/4人用）、寝B2段＝客車B寝台（★★★/2段式）、寝B3段＝客車B寝台（★/3段式）、寝B電車＝電車B寝台（★★/3段式）、ロビー＝ロビーカー、食堂＝食堂車

＊日本交通公社『国鉄監修　交通公社の時刻表』昭和61年11月号より作成

夜行列車一覧　1986/昭和61年11月1日　——その②——

列車番号	列車種別	列車名	始発駅名	発時刻	終着駅名	日付	着時刻	編成 座G	座普	寝A個	寝A	寝B個	寝B2段	寝B3段	寝B電車	ロビー	食堂
2540/502	急行	日南	西鹿児島	2008	門司港	翌日	635		●				●				
102	急行	かいもん	西鹿児島	2215	門司港	翌日	656		●				●				
6	特急	みずほ	熊本	1732	東京	翌日	1100				●	●	●				●
4006/6	特急	みずほ	長崎	1645	東京	翌日	1100						●				
2	特急	さくら	長崎	1702	東京	翌日	1126				●	●	●				●
4002/2	特急	さくら	佐世保	1730	東京	翌日	1126						●				
36	特急	あかつき	長崎	1943	新大阪	翌日	742						●				
4036/36	特急	あかつき	佐世保	2009	新大阪	翌日	742		●				●				
8	特急	富士	宮崎	1319	東京	翌日	959			●			●			●	●
34	特急	彗星	都城	1645	新大阪	翌日	729						●				

8、34、2540/502＝日豊本線経由、4002/2＝4002列車は肥前山口（現・江北）で2列車に併結、4006/6＝4006列車は鳥栖で6列車に併結、4036/36＝4036列車は肥前山口（現・江北）で36列車に併結、2540/502＝西鹿児島～宮崎間は普通2540列車、宮崎～門司港間は急行502列車

北陸・信越・羽越・奥羽本線（日本海縦貫線）

4001	特急	日本海1号	大阪	1735	青森	翌日	840						●				
4003	特急	日本海3号	大阪	2020	青森	翌日	1142						●				
4005	特急	つるぎ	大阪	2200	新潟	翌日	646						●				
501M	急行	きたぐに	大阪	2320	新潟	翌日	828	●	●		●			●			
3002	特急	北陸	金沢	2144	上野	翌日	621				●		●				
602	急行	能登	金沢	2159	上野	翌日	642		●					●			

602＝信越本線経由、3002＝上越線経由

601	急行	能登	上野	2101	金沢	翌日	554		●					●			
3001	特急	北陸	上野	2150	金沢	翌日	634				●		●				
502M	急行	きたぐに	新潟	2205	大阪	翌日	730	●	●		●			●			
4006	特急	つるぎ	新潟	2225	大阪	翌日	712						●				
4002	特急	日本海2号	青森	1625	大阪	翌日	737						●				
4004	特急	日本海4号	青森	1923	大阪	翌日	1026						●				

601＝信越本線経由、3001＝上越線経由

上越線・羽越本線

2001	特急	出羽	上野	2303	秋田	翌日	819				●		●				
2002	特急	出羽	秋田	2012	上野	翌日	608				●		●				

中央本線

401M/2429M	急行	アルプス1号	新宿	2320	南小谷	翌日	552	●	●								
441M	普通		新宿	001	上諏訪	当日	557		●								
4801	急行	ちくま	大阪	2130	長野	翌日	526		●					●			
402M	急行	アルプス2号	南小谷	2247	新宿	翌日	450	●	●								
4802	急行	ちくま	長野	2326	大阪	翌日	827		●					●			

401M/2429M＝新宿～信濃森上間は急行401M列車、信濃森上～南小谷間は普通2429M列車

第5章　衰退期

——国鉄民営化、豪華列車誕生、そして終焉へ

国鉄の分割民営化でJRへ

１９８７（昭和62）年3月31日、国鉄は経営改革の分割民営化でその組織に終止符を打つことになった。新橋～横浜間で創業した官設鉄道から数えて１１５年、公共企業体日本国有鉄道となってからは38年を経て新たな体制へと移行したのである。そして4月1日、午前0時からその運営は日本を6分割した旅客鉄道会社（JR北海道・JR東日本・JR東海・JR西日本・JR四国・JR九州）および全国一元経営の貨物鉄道会社（JR貨物）に託された。

日付を跨いで運行される夜行列車も１９８６（昭和61）年11月改正に定められたダイヤでそのまま走り、何ごともなかったように新体制へと移行したのである。

3月31日、この国鉄からJRへの移行を記念して臨時の「旅立ちJR号」も運行された。上野駅13時30分発の青森行き「旅立ちJR北海道」を皮切りに、東京駅16時43分発の「旅立ちJR九州」、さらに東京駅から「旅立ちJR四国」「旅立ちJR西日本」「旅立ちJR東海」と続き、最後は上野駅23時50分発の仙台行き「旅立ちJR東日本」が出発した。車両はジョイフルトレインやお座敷列車で組成された特別編成だったが、いずれも夜を徹して目的地へと走り、日本中の注目を受ける「夜行列車」となった。

定期運行のブルートレインをはじめとする夜行列車は、国鉄晩年の１９８５（昭和60）

年3月からロビーカーの連結を始めたが、並行してこのほかにも新たな試みが進められた。

ひとつは個室寝台の導入だった。個室寝台は戦前から存在し、20系客車の「あさかぜ」や「さくら」でも導入されている。国鉄晩年では1976（昭和51）年に登場したA寝台1人用個室が唯一で、「はやぶさ」「富士」などに連結されていた。

この個室サービス拡張の試みとして、まずB寝台4人用個室「カルテット」が開発された。これは普通の開放式B寝台に通路と仕切る扉を付けたもの。比較的安易な改造でつくることができ、1984（昭和59）年7月から「さくら」「みずほ」の開放式B寝台車1両を置き換えるかたちで導入された。その後、「あさかぜ1・4号」にも組み込まれ、B寝台の個室としては目新しいサービスだったが、4人ひと組で使わねばならず、営業的にはあまり振るわなかったようだ。

JR化後、同様の設備が「Bコンパート」として導入されているが、これは4人での利用がない時は、扉を開いた状態で固定し、一般の開放式B寝台と同じかたちで使えるものだった。海外では当たり前だが、この時代の日本では他人と同室になる方式に抵抗があったようだ。それに対応すべく「Bコンパート」という運用方法が生まれたのだ。

このあたりから個室寝台の模索が始まり、国鉄晩年からJR初期にかけて次々と新しいサービスが登場していく。

1987年にはB寝台2人用個室「デュエット」が開発され、国鉄の民営化を直前に控えた3月14日から「あさかぜ1・4号」に組み込まれた。これは「カルテット」に比べて大がかりな改造となったが、上段室では屋根の肩にかかった曲面窓も新しく、利用者の個室に対する志向性が生まれた。

この「あさかぜ1・4号」では直前に先述の「カルテット」も組み込み、さらに食堂車は「星空バー」「オリエント風」と内装を一新、シャワー室も設置された。明日のブルートレインをめざすモデル列車として国鉄の置き土産になったのである。

また、JR発足の翌年には青函トンネルの開通も予定されていた。本州と北海道を結ぶ新たなブルートレインが計画され、その車両の準備も始まった。ここでは室内にシャワーまで備えたA寝台1人用個室「ロイヤル」、利用者に絶大な人気を誇ったB寝台1人用個室「ソロ」も計画された。そのうちのA寝台2人用個室「ツインデラックス」は早くから完成し、1987(昭和62)年3月から「ゆうづる」に組み込まれて試用されている。

「カートレイン」「MOTOトレイン」の運行

国鉄からJRへの移行期、マイカーを乗客と同時に運ぶ「カートレイン」も試行されている。1985(昭和60)年夏季、東京の汐留駅と九州の東小倉駅を結んで運転されたのが始まりで、編成は20系客車(A寝台車×2両+電源車)+ワキ10000形有蓋貨車×4両だった。自動車はパレットに載せた状態で貨車へ積載されるため、列車の発着は一般の旅客駅では扱えず、当時、現役の貨物駅だった汐留、東小倉を発着地としたのである。

運転時刻は下りが汐留18時25分発→東小倉翌日10時15分着、上りは東小倉18時05分発→汐留翌日10時18分着だった。これは臨時「あさかぜ51・52号」のスジを利用した設定で、所要時間は上下とも約16時間。当時、オーシャン東九フェリーによって運航されていた東京（晴海）～徳島～小倉（日明）より20時間近い短縮となった。価格は自動車の送料も含め、おとな１人３万４４００円から設定され、おとなは最大６人まで、子どもは７人までセットできた。これはフェリーと大差ない設定だった。

当初、７月27日～８月３日、８月27～31日の試験的な運行予定だったが、利用は好調で10月以降も随時運行されるようになった。

翌年12月末には熱田～東小倉間でも運転を開始、こちらは「カートレイン名古屋」と呼ばれた。こちらの客車は竣工間もないジョイフルトレイン「ユーロライナー」を使ったもので、居住性のよさも併せて人気を呼んだ。この「カートレイン名古屋」の登場もあり、元祖列車はのちに「カートレイン九州」となった。

また、１９８６（昭和61）年７月からは上野～函館間でオートバイとライダーを運ぶ「ＭＯＴＯトレイン」も登場した。これは夜行急行「八甲田」にオートバイ輸送用のマニ50形荷物車とライダー用の寝台車（14系３段式Ｂ寝台）を連結したもので、青森駅到着後、ライダーは青函連絡船に乗り換え、「ＭＯＴＯトレイン」の荷物車は同じ青函連絡船で航送され函館駅でライダーにオートバイが引き渡されるというものだった。

1988（昭和63）年の青函トンネル開業以後、「MOTOトレイン」は青森〜函館間で快速「海峡」との併結運転と変更されたが、この列車は「八甲田」編成を活用する運用だったため、青森駅で車両の切り離しや連結などの作業はなく、そのまま函館駅へと向かった。

この「MOTOトレイン」の成功を受け、同年7月からは大阪〜函館間で運転されていた寝台特急「日本海1・4号」にマニ50形荷物車を連結、やはりオートバイとライダーを運ぶ「日本海モトトレイン」の運行も始まった。

また、同じく東京の恵比寿駅と札幌の白石駅を結んで「カートレイン北海道」の運行も始まった。こちらは24系客車（電源車付き）＋ワキ10000形で運行されている。

国鉄／JRの新たなサービスとして注目され、いずれも出だしは順調だった。ただし、どの列車も多客期対応の臨時列車ということで恒常的な活用には結びつかなかったようだ。また、利用者からは供食が配慮されていないとの声も聞かれた。フェリーの場合、自動販売機や食堂もあるが、これらの列車では基本的に車内販売もなかった。乗車時に用意しておかねば、到着時まで補給できないのである。

さらに1989（平成元）年4月の自動車税制改正で3ナンバー車の税金が大幅に安くなった。これにより自動車全体の大型化が進み、車体が大きく背の高いミニバンやSUV

も増えていった。結果としてワキ10000形では運べなくなり、「カートレイン」の利用が減ってしまったのだ。

結局、「カートレイン九州」「カートレイン名古屋」の場合、1994（平成6）年の運行を最後に廃止となった。また、「カートレイン北海道」は1997（平成9）年で運行を終了している。「日本海モトトレイン」は「日本海モトとレール」と改称して「MOTOトレイン」とともに存続したが、これも1998（平成10）年8月末で運行終了となった。

このほか、北海道内を結ぶ「カートレイン釧路」（片道は昼行列車）、東青森駅発着の「カートレインさっぽろ」、夜行急行「ちくま」に併結する「バイクトレインちくま」なども運行されたことがあるが、いずれも短命に終わっている。

夜行快速「ムーンライト」

「カートレイン」や「MOTOトレイン」などとともに、国鉄晩年からJR時代にかけて登場した新たな夜行快速に「ムーンライト」があった。この時代、高速道路網の整備が進み、それにともない高速夜行バスの運行も増えていった。国鉄／JRにとって競合する区間も多く、鉄道ならではの魅力を示しながら新たな夜行列車の姿を模索していったのだ。

そのきっかけは1985（昭和60）年の関越自動車道全通だった。これを機に東京～新潟間で高速バスの運行が始まったが、新幹線よりリーズナブルということで大成功を収め

新宿駅から出発する夜行快速「ムーンライトえちご」。列車内には指定席券が必要なことが記されていた（筆者撮影）

た。それに対抗すべく、国鉄では１９８６（昭和61）年6～7月に新潟～新宿間を結ぶ14系客車３両編成による「ムーンライト」を運転した。列車名は「月の光」を意味する英語。夜行列車にふさわしいネーミングだった。これは時刻表に掲載されない団体臨時列車としての運行だったが好結果を得て、同年10～11月にも運行されている。

ＪＲ発足後の１９８７（昭和62）年9月、「ムーンライト」の列車名を引き継いで新宿～新潟～村上間を結ぶ臨時快速となり、週末や長期休みを中心に運転されるようになった。全車普通指定席の設定だったが、この時代の指定席料金は５００円（閑散期３００円）。しかも快速扱いのため、運賃プラスワンコイン（閑散期はさらに安い）で利用できた。リーズナブルなこともあって人気を博し、１９８８（昭和63）年3月に定期列車化された。

この新宿～新潟間「ムーンライト」の成功を機に、ＪＲ時代になってから「ムーンライ

JR東海の当時の最新車両373系で運行された「ムーンライトながら」（川井聡撮影）

ト」の名を冠する夜行快速が全国各地で運転されるようになった。「ムーンライト九州」（京都～博多）、「ムーンライト山陽」（京都～広島・下関）、「ムーンライト高知」（京都・大阪～高知）、「ムーンライト松山」（京都・大阪～松山）、「ムーンライト八重垣」（京都・大阪～出雲市）、「ムーンライト信州」（新宿～白馬）、「ムーンライト仙台」（東京→仙台）、「ムーンライト東京」（仙台～東京）などいろいろな列車が運転されたが、なかでも「ムーンライトながら」の存在が際立っている。

これは東海道本線で長年運行されてきた夜行普通列車を前身とする列車で、特に国鉄晩年に登場した「青春18きっぷ」の活用に便利だったことで知られている。その運転区間から旅ファンの間では「大垣夜行」の通称で親しまれた。「大垣夜行」の晩年は１６５系電車で運行され

「ムーンライト」シリーズの列車一覧

列車名	運行区間	運行年[*1]	主な車両
ムーンライト	新宿〜新潟間など	1986〜96	14系座席車・165系
ムーンライトえちご	新宿〜新潟・村上間など	1996〜2014	183系・485系など
ムーンライトながら	東京〜大垣間	1996〜2020	185系・373系など
ムーンライト東京	東京〜仙台間	2003〜05	583系
ムーンライト仙台	東京→仙台(下りのみ)	2004・05	583系
ムーンライト松島	上野→仙台(下りのみ)	2003	583系
ムーンライト横浜	山形→大船(上りのみ)	2004	583系
ムーンライト信州	新宿〜信濃大町間など	2002〜18	183系・189系など
ムーンライト山陽	京都〜広島間など	1988〜2005	14系座席車
ムーンライト八重垣[*2]	京都〜出雲市間など	1989〜2004	14系座席車
ムーンライト高知	京都〜高知間など	1989〜2009	12系客車など
ムーンライト松山	京都〜松山間など	1995〜2009	14系座席車など
ムーンライト九州	京都〜博多間など	1989〜2009	14系座席車など

*1 運行年＝臨時列車も含む　*2 一時期「ムーンライト山陰」の名称も使用

ていたが、1996(平成8)年3月16日のダイヤ改正を機に車両をJR東海の新鋭373系に置き換え、さらに全車普通指定席とされた。この指定券発売の便をはかるため、「ムーンライトながら」と命名されたのである。

ちなみにこの「ムーンライトながら」の運転開始にともない、新宿〜新潟間「ムーンライト」は列車名を「ムーンライトえちご」に変更している。

当初、「ムーンライトながら」は全車指定席で出発するものの、下り列車では小田原から、上り列車では熱海から4〜9号車が自由席とされたが、多くの利用者はあらかじめ指定券を用意しなくてはならなくなった。なお、下り列車はのちに名古屋から全車自由席となった。この措置は近郊区間への帰宅利用者と長距離利用者を分けることで混雑を緩和するためという声も聞いたが、首都圏側の下り列車、中京圏側の上り列車ともすぐ前後に普通列車が運転されており、実質的な値上げと思われた。

「大垣夜行」の場合、ピーク時には補完する臨時列車を設定することもあったが、「ムーンライトながら」でも２００３（平成15）年などに「ムーンライトながら91・92号」が登場している。これは３７３系ではなく、ＪＲ東日本の１８３系や１８９系で運転されている。

こうして人気列車として推移してきた「ムーンライトながら」ではあったが、２０００年代に入ると格安の夜行高速バスが急成長、「ムーンライトながら」の需要は落ち込んでいく。

２００７（平成19）年３月ダイヤ改正から「ムーンライトながら」の全車指定席区間は、下りが東京〜豊橋間、上りは大垣〜東京の全区間と拡大された。増収をはかる試みだったが、この措置によって首都圏では定期券による「ムーンライトながら」利用ができなくなった。

最終的に２００９（平成21）年３月14日ダイヤ改正を機に「ムーンライトながら」の定期運行は終了、以後は「青春18きっぷ」シーズンなどで需要の多い時期を中心とした臨時列車となった。同時期に「ムーンライトえちご」も臨時列車化されているが、「ムーンライト」など夜行列車を取り巻く環境は厳しくなっていたのだ。なお、臨時「ムーンライトえちご」は２０１４（平成26）年３月で運行終了となった。

臨時「ムーンライトながら」はＪＲ東海の３７３系ではなく、ＪＲ東日本の１８３系・１８９系が使用され、２０１３（平成25）年12月からはさらにＪＲ東日本の１８５系となった。また、臨時「ムーンライトながら」はこうした使用車両の変化だけでなく、時代を追うごとに運行設定日が減っていく。ちなみに２００９年度は春・夏・冬の３期間を合わせて１１８日運転されたが、２０１９年度は３期間合わせてわずか37日となっていた。

こんな状況ではあったが、臨時「ムーンライトながら」は最後の「ムーンライト」シリーズとして活躍を続けていた。しかし、２０２０（令和２）年東京発３月20～28日／大垣発21～29日の９日間運行となったのを最後に設定されなくなった。この年は新型コロナ禍で人々の動きが止まり、新幹線ですらも臨時列車の運転を見合わせていた状況だった。使用車両の耐用年数が迫っていたこともあるが、「ムーンライトながら」は新型コロナ禍によって廃止に追い込まれてしまったのである。

「一本列島」ダイヤ改正で生まれた「北斗星」

ＪＲグループによる新体制となってから1年後の１９８８（昭和63）年３月13日に青函トンネルが開通、さらに翌月４月10日には瀬戸大橋も開通し、日本の鉄路が北海道から九州、四国までひとつに結ばれた。これによりＪＲグループでは「レールが結ぶ、一本列島。」をキャッチコピーとした大規模なダイヤ改正を実施、ＪＲ時代の本格的な幕開けとなったのである。ここでは列車の新設や延伸もあり、ブルートレインをはじめとする夜行列車にとっても新たな時代を拓くきっかけとなった。

1988年３月14日、前日のダイヤ改正で誕生した寝台特急「北斗星」の１番列車が札幌駅に到着した。この時代、札幌駅はまだ地上に設置されており、「北斗星」の先頭に立つDD51形ディーゼル機関車も国鉄時代の朱色塗装だった（筆者撮影）

いちばんの話題となったのは、青函トンネル開業を象徴するように上野〜札幌間を直通する新たなブルートレインとして設定された「北斗星」である。

この列車には、これまでブルートレインの特性として挙げられていた「寝ているうちに目的地に到着する」ことではなく、「列車の旅を楽しむ」といった新たな魅力が明確に織り込まれた。すでに東京〜北海道間の移動は空路が高いシェアを占め、これまでの手法では鉄路が太刀打ちできるものではなかった。そこで鉄道ならではの魅力を最大限に打ち出し、ブルートレインの未来へと希望を託したのである。

この「北斗星」で象徴的だったのは、さまざまな個室を組み込み、そして車内

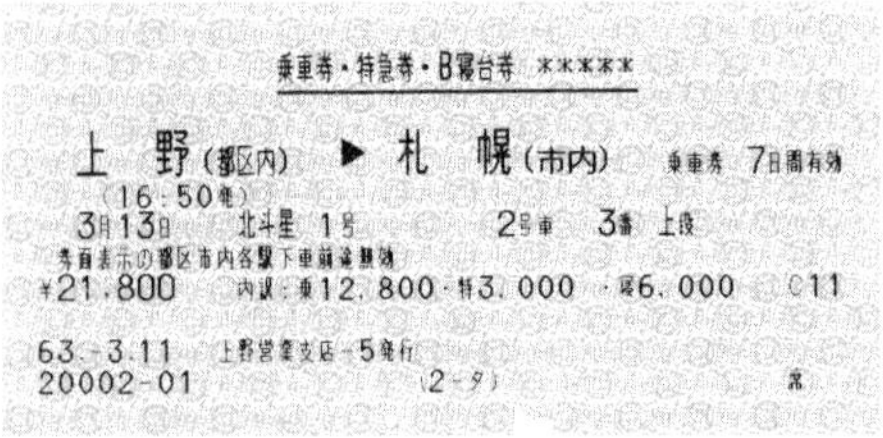

1988年３月13日、「北斗星」運転初日のきっぷ。上野→札幌というそれまでありえなかった区間の特急・寝台券がうれしかった（筆者撮影）

でる食事の時間も重要な楽しみとしてグレードアップしたことだ。

車両は国鉄から引き継いだ24系25形客車だったが、改造によって誕生したシャワー付きのA寝台１人用個室「ロイヤル」を筆頭に、２人用「ツインデラックス」、さらにB寝台１人用「ソロ」、２人用「デュエット」と多くの個室が組み込まれた。

「ロイヤル」は１列車に２室しかなかったこともあり、なかなか予約の取れない超人気個室となった。また、「北斗星」で初めて起用された「ソロ」も大人気となった。価格は開放式B寝台と同額で、リーズナブルなイメージを持たすことにも成功したようだ。その後、ソロは「あけぼの」「北陸」「あかつき」「はやぶさ」「富士」などに広がっていく。一方、「あさかぜ」でデビューした「デュエット」も開放式B寝台２人分と同額だったが、利用者が限定されたこともあり結果的に「ソロ」ほどには広まらなかった。

また食事は「グランシャリオ」と命名された食堂車で供された。ディナーについては事前予約制とされ、当初７０００円のフランス料理が目玉となった。高級レストラン並みの

北海道連絡の夜行列車　1988/昭和63年3月13日

列車番号	1	6003	5	201
列車種別	特急	特急	特急	急行
列車愛称	北斗星1号	北斗星3号	北斗星5号	はまなす
上野（発）	1650	1754	1903	…
大宮（発）	1715	1820	1927	…
宇都宮（発）	1812	1923	2027	…
郡山（発）	1935	2046	2155	…
福島（発）	2010	2122	2230	…
仙台（着）	2112	2223	2332	…
（発）	2114	2225	2334	…
一ノ関（発）	2220	2333	レ	…
水沢（発）	2240	レ	レ	…
花巻（発）	2304	レ	レ	…
盛岡（発）	2332	レ	レ	…
八戸（発）	053	レ	レ	…
青森（着）	レ	‖	‖	…
（発）	レ	‖	‖	2255
函館（着）	424	536	638	113
（発）	432	544	644	131
大沼公園（発）	レ	608	レ	レ
森（着）	517	630	レ	レ
八雲（発）	543	656	レ	レ
長万部（着）	607	721	815	レ
洞爺（発）	639	753	847	レ
伊達紋別（発）	652	806	レ	レ
東室蘭（着）	710	827	917	422
登別（着）	725	841	932	レ
苫小牧（着）	755	911	1002	515
千歳空港（着）	815	932	1022	537
千歳（発）	レ	レ	レ	542
札幌（着）	853	1006	1057	618

列車番号	2	6004	6	202
列車種別	特急	特急	特急	急行
列車愛称	北斗星2号	北斗星4号	北斗星6号	はまなす
札幌（発）	1718	1810	1919	2200
千歳（発）	レ	レ	レ	2234
千歳空港（発）	1752	1847	1954	2239
苫小牧（発）	1814	1907	2015	2302
登別（発）	1843	1937	2045	レ
東室蘭（発）	1859	1953	2059	2352
伊達紋別（発）	1919	2013	レ	レ
洞爺（発）	1931	2025	2129	レ
長万部（発）	2003	2056	2201	レ
八雲（発）	2027	2120	レ	レ
森（発）	2053	2145	レ	レ
大沼公園（発）	レ	レ	レ	レ
函館（着）	2140	2232	2334	239
（発）	2146	2241	2341	252
青森（着）	2400	‖	‖	517
（発）	008	‖	‖	…
八戸（発）	118	レ	レ	…
盛岡（発）	レ	レ	433	…
花巻（発）	レ	レ	500	…
水沢（発）	レ	レ	レ	…
一ノ関（発）	レ	レ	541	…
仙台（着）	451	547	647	…
（発）	453	549	649	…
福島（着）	553	650	749	…
郡山（着）	631	728	827	…
宇都宮（着）	756	853	952	…
大宮（着）	852	949	1049	…
上野（着）	917	1012	1112	…

6003/6004列車は特定日運転、大沼公園は特定日停車
＊日本交通公社『交通公社の時刻表』昭和63年3月号より作成

価格だったが、流れゆく街の灯を眺めながらの食事は列車食堂ならではの魅力となり、これも予約が取りにくい状況が続いた。なお、24系客車の食堂車はすべてほかの列車の運用に入っており、新たな「北斗星」に回すことはできなかった。そのため、ここでは特急形電車の食堂車を改造して組み込んでいる。

さらに青函トンネ

「北斗星」は豪華な食事も魅力だった（筆者撮影）

ルを通過するシーンも「北斗星」には欠かせない魅力となり、編成に組み込まれたロビーカーでは深夜帯でも乗客の熱気がこもった。

いつしか「北斗星」はマスコミに「豪華寝台特急」と呼ばれるようになり、ブルートレインの新たなページを開いたのである。

また、大阪〜青森間を結んでいた寝台特急「日本海」のうち、1・4号は青函トンネルを経由して函館まで足を延ばすようになった。この列車は、のちに先述のようにマニ50形荷物車を連結し、オートバイ搬送の「日本海モトトレイン」として運転されている。せっかくの新たな試みだったが、「日本海モトとレール」と改称されたのち、1998（平成10）年夏季で終了、「日本海」の函館乗り入れも2006（平成18）年3月で終了している。

このほか、夜行急行「はまなす」も青函トンネル開業と同時に青森〜札幌間を結んで運転されるようになった。当初は14系座席車だけというシンプルな編成だったが、1991

（平成３）年７月からB寝台車を連結、さらに１９９７（平成９）年３月から「カーペットカー」も連結するようになった。

カーペットカーは、客室の床をカーペット張りとしたもので、床の上に直接座ったり、寝転んだりできた。青函連絡船時代、座席とともに設備されており、青森〜函館間ではこうした要望が多かったようだ。トンネル開業時から青森〜函館間を結んだ昼行の快速「海峡」ではカーペットカーが用意されていた。

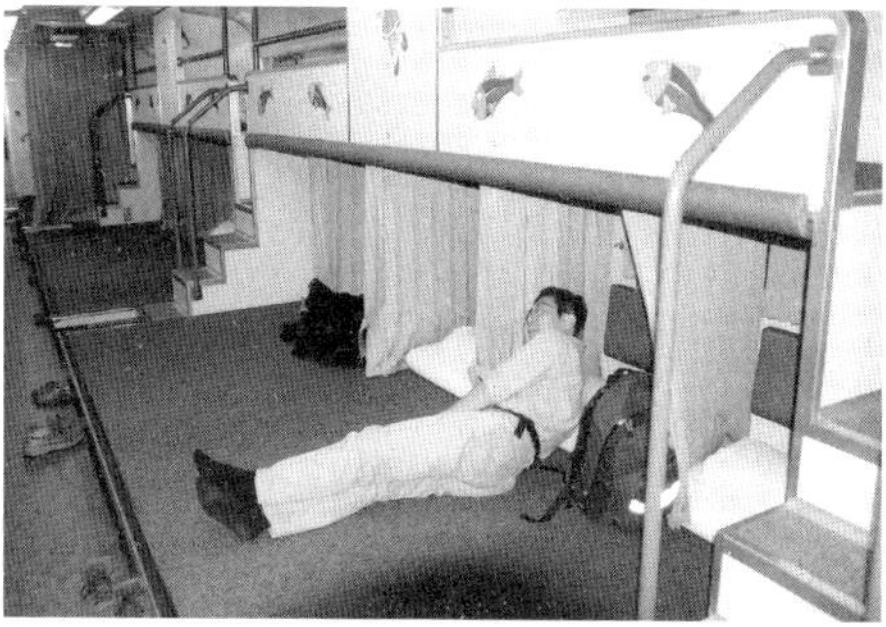

急行「はまなす」に連結されたカーペットカー。１人当たりタタミ１枚ほどのスペースが指定され、横になることもできた（筆者撮影）

カーペットカーの運用開始後、寝台に匹敵するサービスをリーズナブルに提供できると判断され、１９８８（昭和63）年夏季から函館〜札幌間を結んで毎日運転の臨時列車として運行された夜行快速「ミッドナイト」でも起用された。「ミッドナイト」のカーペットカーは普通車指定席料金で利用でき、JR北海道ならではのサービスとして喜ばれた。「ミッドナイト」は２００１（平成13）年からは季節列車に格上げされたが、残念ながら翌年12月のダイヤ改正で廃止されている。

こうした評価により「はまなす」にもカーペットカーを連結することになったが、ここでは一部を2層構造とし、定員を増やした専用車両として導入された。設定は「ミッドナイト」と同じく、普通車指定席。B寝台のようにちゃんとした寝具はないが、毛布が用意され、なかなかの人気だった。こうして「はまなす」では2016（平成28）年の運転終了までカーペットカーが連結されている。

青函トンネル開業から約1か月後、本州と四国を結ぶ瀬戸大橋も開業した。ここでは東京〜宇野間を結んでいた寝台特急「瀬戸」が、瀬戸大橋を渡って高松まで直通するようになった。ただし、当時の「瀬戸」は24系25形客車だったが、すべて開放式B寝台、食堂車の連結もなく、「北斗星」に比べると極めて地味な列車だった。

車両はJR西日本の管理で、1990（平成2）年3月からは新たに開発されたA個室寝台「シングルデラックス」とシャワー室を備えた「ラウンジカー」を連結するようになった。一部のラウンジカーはパンタグラフを備え、電源車機能を持つ構造だった。この車両は、当時、東京〜下関間を結んでいた「あさかぜ2・3号」と共通で使用され、パンタグラフ付き客車はちょっとした話題になった。

「オリエント急行」が日本を巡行

「一本列島」ダイヤ改正が実施された年、世界的に有名な「オリエント急行」が日本に上陸、翌年にかけて国内のJR線で運行された。これはフジテレビの開局30周年記念イベントのひとつとして企画された「オリエント・エクスプレス'88」だが、世界の鉄道業界でも伝統あるワゴン・リ社こと国際寝台車会社の寝台車などが日本の鉄路を走ったということで簡単に紹介しておきたい。

ワゴン・リ社は、日本初の鉄道として新橋〜横浜間が開業した1872（明治5）年にベルギーの事業家が創業した会社だ。すでにヨーロッパの鉄道整備は進んでいたが、当時は国ごと、あるいは多くの鉄道会社が独自に運営しており、長距離を走る列車は少なかった。そこでワゴン・リ社は独自に寝台車などの車両を所有、各地の鉄道会社と契約を結んで列車運行をする方式で事業を展開していったのである。

そして同社を代表する列車が1883（明治16）年から、パリとコンスタンティノープル（現・イスタンブール）を結んで運転されるようになった「オリエント急行」である。同社の看板列車として最上級の車両が用意され、世界最高峰の列車となった。ただし、その後の二度にわたる世界大戦、そして鉄道以外の交通路の発展により、「オリエント急行」は運行形態の変更を余儀なくされ、ワゴン・リ社も鉄道事業から撤退することになる。

ただし、ワゴン・リ社の贅を尽くした車両を評価する声は大きく、さまざまな事業者に引き取られ、往年の「オリエント急行」を復元した観光列車として運行されている。フジテレビではそうした会社のひとつ、スイスのインターフルーク社が運行する「ノスタルジー・イスタンブール・オリエント急行（ＮＩＯＥ）」と契約し、日本国内での巡行となったのだ。

本来「オリエント急行」として運行されるのはヨーロッパ。軌間は新幹線と同じ１４３５ミリで、客車の車体長は全長23・5メートルという大型車だ。日本のＪＲ在来線では台車を交換するだけでなく、さらに連結器の交換や日本の基準に合わせた防火対策なども行わねば運行できない。これはＪＲ東日本と日立製作所が担当して改造を実施している。

かくして１９８８（昭和63）年10月から翌年12月末まで「オリエント・エクスプレス'88」はＪＲ東日本・ＪＲ西日本・ＪＲ九州の主催ツアーとして70コース運行された。メインは２泊３日で約16万円というコースだったが、「北斗星」と組み合わせて日欧の寝台車乗り比べといった行程もあった。運行中何度か出会ったが、ワゴン・リ社の美しい寝台車は日本の風土にも違和感なく、今もその情景が浮かんでくる。

なお、日本までの往路はシベリア鉄道経由のツアーとして運行、復路は船舶による回送となった。

団体臨時列車として誕生した「トワイライトエクスプレス」

青函トンネル開業から約１年後の１９８９（平成元）年７月21日、大阪駅から札幌駅に向かって団体臨時列車が出発した。出発は正午だったが、札幌までは約１５００キロにお

団体臨時列車として誕生した大阪〜札幌間の「トワイライトエクスプレス」。本州内では客車とデザインを合わせたEF81形電気機関車が先頭に立った（筆者撮影）

よぶ行程、到着は翌朝の9時過ぎとなった。当時、日本最長距離を走る「トワイライトエクスプレス」の旅立ちだった。

車両は24系25形客車を使用しているが、「トワイライトエクスプレス」用に改装され、塗色も日本海をイメージした深い緑。もはやブルートレインとはいいにくい列車だ。

大阪〜札幌間の所要は22時間、毎日1往復運転するためには3本の編成が必要になる。しかし、当初は編成が1本しかなく、大阪は火・金曜発、札幌は水・土曜発という週2往復の運転だった。そのため、全列車ともパッケージツアー用の団体臨時列車という扱いで、『時刻表』には掲載されない〝幻の列車〟だったのである。

同年12月2日には第2編成も完成、この

上・「トワイライトエクスプレス」の楽しみだったディナー
下・「トワイライトエクスプレス」のサロンカー「サロン・デュ・ノール」（いずれも筆者撮影）

時から大阪は月・水・金・土曜発、札幌は火・木・土・日曜発の週4往復運転となった。また、併せて団体専用ではない一般の臨時列車となり、『時刻表』にも掲載されて寝台券は「みどりの窓口」などで購入できるようになった。

客室は個室中心、食堂車「ダイナープレヤデス」はもちろんのことサロンカー「サロン・デュ・ノール」なども連結し、長時間の道のりを楽しめるような配慮が行き届いている。運転開始時から1号車に連結されているスロネフ25－500形は、車端部展望室仕様のA寝台2人用個室「スイート」とA寝台1人用個室「ロイヤル」で構成され、当時の「北斗星」をはるかにしのぐ豪華車両として大きな話題となった。料金は高額ながら需要も多く、翌年7月20日からは新たなスイート＋ロイヤル車両のスロネ25－500形が開発され、2号車に連結されるようになった。1991（平成3）年3月には、さらにもう1本編成が増備され、ピーク時は毎日運転も可能になった。ただし、定期列車化されることはなく、2015（平成27）年の運転終了時まで臨時列車の設定となっている。

「トワイライトエクスプレス」の車端部に設置された「スイート」（筆者撮影）

ちなみに上野～札幌間の「北斗星」は当初毎日3往復の運転だったが、そのうちの1往復（3・4号）は臨時列車の扱いだった。好評のため毎日運転され、1989（平成元）年3月には3往復とも定期列車に昇格している。しかし、それでも需要が多く、新たに上野～札幌間に臨時寝台特急「エルム」を設定した。奇しくもこの「エルム」は「トワイライトエクスプレス」運転開始となった7月21日から運転を開始している。

当時、日本は「バブル」と呼ばれた好景気の時代にあり、青函トンネル開通とともに列車による北海道旅行がブームとなっていたのである。旅行会社のツアー広告でも、首都圏では「北斗星」、関西圏では「トワイライトエクスプレス」がうたい文句となり、両列車の人気と知名度は高かった。

もはや移動手段としての夜行列車ではなく、乗ることそのものが楽しみとなる列車が誕生したのだ。特に「トワイライトエクスプレス」の場合、21世紀に入ってから次々と誕生したいわゆる「クルージングトレイン」の先駆けになったといえるだろう。

この「トワイライトエクスプレス」では、食堂車で提供される予約制ディナーも人気で、ツアーでは1万円の追加料金となった。「北斗星」の予約制ディナーは7000円で話題となったが、どちらも列車食堂の値段としては破格だった。まさにバブルな時代を象徴するサービスだったのである。

乗車して好ましく思ったのは、ディナー用に服を整えた乗客の多いことだった。華やかな雰囲気に食事の楽しさが倍増した。この時期、国内で運行されていた「オリエント急行」の場合、ドレスコードが定められていたが、「北斗星」「トワイライトエクスプレス」では指示された覚えがない。のちにカジュアルな雰囲気に変わっていくが、当初は値段相応に楽しもうという認識もあったようだ。

個室寝台の導入でブルートレインを立て直し

JR発足当初、改善モデル列車「あさかぜ1・4号」から始まり、新たな寝台特急「北斗星」「トワイライトエクスプレス」などの誕生と明るい話題が続いた。これは夜行列車に限らず、昼行列車でも同じ状況で、新型車両や新設特急の話題が各地から次々と届いた。国鉄の民営化により、あらゆる施策が一気に動き出した感じである。さらに「バブル景気」という追い風もあり、JRグループは順調な滑り出しをしたのだ。

この時代のブルートレインなど夜行列車の変化を追っていくと、1992（平成4）年にかけて個室寝台が次々と登場している。国鉄晩年の個室寝台というとA寝台1人用「シングルデラックス」しかなかったが、A寝台では1人用「ロイヤル」、2人用「ツインデラックス」「スイート」、B寝台では1人用「ソロ」、1～2人用「シングルツイン」、2人用「ツイン」「デュエット」、4人用「カルテット」「Bコンパート」など名称だけでもにぎやかな陣容となった。JR各社では個室寝台の導入で、ブルートレインの立て直しを試みたのである。

「はやぶさ」のソロ上段。カーブした窓が魅力だった（筆者撮影）

名称が異なるのは料金設定の違いに

よるものだ。ソロ、デュエットなどの場合、従来の開放式B寝台と同じ料金設定で、特に人気の個室となった。いずれも既存の寝台車の改造でつくられているが、その構造など各社の工夫が見られた。例えば同じ「ソロ」でも形態はさまざまだった。

その嚆矢《こうし》となった「北斗星」は側廊下式で部屋は上下2段になっていた。上段は高床で、部屋の中にある階段で上がる構造。下段は通路と同じ高さとなっている。これは「はやぶさ」「富士」などでもほぼ同じ構造だが、インテリアに各社の個性が出ていた。

また、「北陸」も同じ側廊下式だが、上段に向かう階段は2室で共用するもので、階段をのぼると上段個室の扉は左右に向かい合わせで設置されていた。

また、「あかつき」や「あけぼの」は中央廊下式で、線路方向に寝る構造だ。さらに「あかつき」の場合、ベッドはソファーとして使えるもので、ここにも工夫があった。

いずれのソロも上段の窓は車体の肩にかかり、曲面ガラスとなっていた。それまでのブルートレインとは異なる独特な車窓に魅了されたが、実際の使い勝手はおおむね下段の方がよかった。

また、夜行列車の新たな試みとなったのは、札幌〜稚内間を結ぶ急行「利尻」だった。14系座席車と寝台車を組み合わせた編成で運行されていたが、1991(平成3)年3月にキハ400系気動車化された。これは国鉄から引き継いだ一般形キハ40系の座席をリクライニングシートに交換、さらにエンジンもパワーアップした車両である。この編成には

14系寝台車も組み込まれ、気動車＋客車という珍しい運転が始まった。気動車化でスピードアップされ、さらに寝台も継続されたことで利用者に喜ばれた。この手法は急行「まりも」などにも取り入れられ、JR北海道独自のサービスとなった。

変わったところでは1989（平成元）年3月改正で導入された「出雲3・2号」の3段式B寝台の導入だった。国鉄末期、ブルートレインのサービスアップとして各列車で3段式B寝台を2段化した。「出雲3・2号」もこの施策を実施、居住性を高めていたが、新たな需要が生じたのだ。

実は前年の5月から品川～米子間を結ぶ高速夜行バスが運行を開始した。当時は日本国内で最も長い距離を走る高速バスで、その運賃は1万8800円。同区間を結ぶ「出雲」の場合、B寝台利用で1万9300円となり、JRにとっては大きな脅威となった。「出雲1・4号」を使えば、食堂車も連結されており、車内で過ごすゆとりも格段に高い。しかし、それだけでは価格競争に勝つことは難しく、定員の多い3段式B寝台を復活させ、さらに鳥取～出雲市間の主要駅から東京に往復する時に限って使えるトクトクきっぷ「出雲B3きっぷ」も発売した。価格は2万1160円。高速バスの正規運賃よりぎりぎり下げた設定である。わずか1両だけの連結となったが、企画したJR西日本の意地を感じさせた。

JRが発足した1987（昭和62）年、東北自動車道が全通、これによって青森から九州の八代まで高速道路が結ばれた。翌年には北陸自動車道も全通、さらに1992（平成4）年には四国の高速自動車道も本州と結ばれた。こうした高速自動車道の整備にともない、高速バスも次々と設定されていったのだ。この時代、空路の整備も進んでいるが、ブルートレインなどの夜行列車にとって、この高速バスの台頭が大きな脅威となったのである。

「出雲3・2号」の3段式B寝台の導入、そして破格の「出雲B3きっぷ」発売は、ブルートレインの生き残りをかけた動きを象徴するものだった。

また、1989（平成元）年3月改正では「はやぶさ」食堂車の朝食がバイキング方式となった。ビジネスホテルの朝食などで馴染みのスタイルだが、列車食堂では初めてだったと思われる。価格は1200円と当時のビジネスホテルより高めだったが、最初は和洋食ともバリエーション豊かだった。おかずが少なくなってくれば、すぐに補給されたのもうれしかった。これもブルートレインの新た魅力を創生する試みだったが、列車食堂の営業は限界に近づいてようだ。

1991（平成3）年6月から「みずほ」「出雲1・4号」の食堂車が休業となった。JR発足時、食堂車のあったのは東海道・山陽新幹線「ひかり」および東京発着の寝台特急「さくら」「はやぶさ」「みずほ」「富士」「あさかぜ1・4号」「出雲1・4号」だけ。「北斗星」や「トワイライトエクスプレス」の食堂車はJR発足後に登場した別格である。

新幹線ではビュフェもあったが、多くは車内販売基地として使われていたに過ぎない。このような状況下、ブルートレインの食堂車はひとつのステータスだったが、やはり合理化せざるを得ない状況にあったのだ。特に「みずほ」の場合、列車そのものも地味な存在となりつつあり、食堂車の経営は厳しかったのである。なお、「みずほ」「出雲1・4号」とも食堂車は「営業休止」として告知された後も、食堂車そのものの連結は続き、ロビーカーのようなフリースペースとして使われ、車内販売の売店として営業されたこともある。

1993（平成5）年3月には、「さくら」「はやぶさ」「富士」「あさかぜ1・4号」の食堂車も営業を取りやめ、ついに九州・山陰ブルトレの食堂車は幕を閉じてしまった。なお、これらの列車でもしばらくの間、食堂車は連結されたまま車内販売基地として活用された。

この年の12月に行われたダイヤ改正はJR東日本を中心に夜行列車削減が行われた。この時は〝出世列車〟として知られた急行「津軽」の廃止（臨時列車格下げ）がマスコミに大きく取り上げられたが、寝台特急「ゆうづる」「出羽」、急行「八甲田」も消えている。このあたりからブルートレインをはじめとする夜行列車は追い詰められていくのだ。

寝台特急新時代「サンライズ」「カシオペア」の誕生

1990年代に入ってブルートレインが次々と整理されていったのは、必ずしも利用不振といった理由だけではなかった。そこでは車両の老朽化などの問題も抱えていたのだ。

当時のブルートレインの主力となっていた14系客車および24系客車は、車両グループとしては1971(昭和46)年および1973(昭和48)年に誕生したものだ。数年にわたって製造されているが、民営化時点ですでに約20年近く使用されていたのである。

鉄道車両の耐用命数はさまざまな計算方法があり、車種によっても異なるが、新幹線車両では15~20年、一般車両では20~30年ぐらいが目安となっている。陳腐的な老朽化の場合、適当なインターバルでリニューアル整備が行われている。個室寝台の導入が進んだのも、多くはこうしたリニューアルのタイミングに合わせていたのだ。しかし、約20年ともなると物理的な老朽化もあり、大がかりな整備も必要になってくる。そこで新たな経費をかけるより、編成の縮小や列車の削減などで補うという考え方もなされるようになった。

また、ブルートレインの運転は機関車が牽引するといった方式だ。機関車を交換すれば電化・非電化にかかわらずどこでも運行できるのが強みではあったが、加減速性能のいい電車や気動車が台頭してくると性能の差がネックとなってくる。加減速性能が違えば列車間隔をあけなければならず、結果として線路容量が減ってしまうのだ。特に都市部の朝夕は通勤・通学ラッシュで輸送需要が高く、輸送力の減少は大きな問題となる。いくら強力タイプのEF66形であっても電車のように走ることはできず、最高速度は時速110キロ止まり。ブルートレインは邪魔者扱いされるようになっていたのだ。

こうした2つの問題の解決策として、寝台電車による運行が再評価されることになった。寝台電車は国鉄時代に581系および583系が開発され、その一部は当時も使用されていた。国鉄の寝台電車は昼夜兼行で効率的な運行をめざしていたが、新たな寝台電車では夜行列車に特化し、寝台などの居住性のよさと運転性能を追求することになった。

岡山駅で「サンライズ瀬戸」と「サンライズ出雲」を切り離し。早朝にもかかわらず、毎回多くの見学者に囲まれる（筆者撮影）

寝台電車化の対象となったのはJR西日本の車両で運行されていた「出雲3・2号」「瀬戸」だった。両列車はJR東海の管轄区間（東海道本線熱海〜米原間）も通行し、その距離も相応に長い。そうしたことから新型寝台電車はJR東海とJR西日本の共同開発となり、285系寝台電車が誕生したのである。

1998（平成10）年7月10日、285系電車は寝台特急「サンライズ出雲」「サンライズ瀬戸」としてデビューした。

車両は指定席料金で利用できるカーペット方式の「ノビノビ座席」を除き、すべて個室寝台で編

「サンライズ」の「シングルデラックス」（筆者撮影）

「サンライズ」のシャワールーム。洗浄装置も備えられ、快適に利用できる（筆者撮影）

成され、その設備も住宅メーカーの協力を得て、これまでにない魅力を秘めたものとなった。また、食堂車はつくられなかったが、「あさかぜ」や「瀬戸」での活用が始まっていたシャワールームも用意され、21世紀に向かう夜行列車としてJRの意気込みを感じさせるものだった。

運転時刻は「出雲3・2号」東京21時10分発→出雲市翌日10時46分着／出雲市16時55分発→東京翌朝6時27分着が、「サンライズ出雲」では東京22時00分発→出雲市翌日9時59分着／出雲市19時06分発→東京翌朝7時12分着となった。また、「瀬戸」は東京20時50分

JR東海とJR西日本の共同開発によって誕生した258系寝台電車。個室を組み合わせた内装のため、窓の並び方も変化に富んでいる（筆者撮影）

発→高松翌朝7時35分着／高松20時37分発→東京翌朝7時12分着が、「サンライズ瀬戸」では東京22時00分発→高松翌朝7時27分着／高松21時26分発→東京翌朝7時12分着となった。両列車とも所要時間が大幅に短縮され、最高時速130キロ、加減速性能も優れた285系電車の性能をいかんなく発揮したのだ。

なお、「サンライズ出雲」「サンライズ瀬戸」の東京発着時刻は同一だが、実は東京〜岡山間は両列車を併結するかたちで運転されている。需要を鑑みた施策でもあるが、列車密度の高い区間は1本の列車として走行することで、ほかの列車への影響を小さくしたのだ。

また、翌1999（平成11）年には「北斗星」のサービスアップというかたちで

「カシオペア」用として開発されたE26系客車は、行き止まり式の上野駅発着にも配慮した構造になっている。車端部の客車にはヘッドライトも取り付けられ、機関車に後押しされる推進運転にも対応している（筆者撮影）

「カシオペア」が誕生した。こちらはＪＲ東日本が新たに開発したＥ26系客車を使用している。

ＪＲ東日本では将来の寝台車を模索するため、１９８９（平成元）年に寝台車・食堂車・ロビーカーの3両を試作している。車体の基本的な構造や台車・ブレーキなどの走行機器は「北斗星」などに使われていた24系客車に合わせ、車両形式も24系を名乗った。3両は「夢空間」と命名、「北斗星」編成に組み入れ「北斗星トマムスキー号」「夢空間北斗星」などとして運行されている。

Ｅ26系客車は新規に開発されたものだが、そこに込められたコンセプトは「夢空間」の運用経験が活かされたものと思われる。例えば、すべてA個室寝台で、しかもすべて2人用（一部、エキストラベッドにより3人でも使用可能）だった。ビジネス向けの利用は一掃し、汽車旅を楽しむ人に特化したサービスに徹したものとなっている。

JR寝台車の種類（2000年12月現在）

<table>
<tr><th colspan="2">寝台区分</th><th>名称</th><th>価格</th><th>連結列車</th></tr>
<tr><td rowspan="11">A寝台</td><td rowspan="2">開放式
2段寝台
（客車・電車）</td><td>（上段）</td><td>9,540</td><td rowspan="2">日本海2・3号、〔銀河〕、〔きたぐに〕</td></tr>
<tr><td>（下段）</td><td>10,500</td></tr>
<tr><td rowspan="2">1人用個室</td><td>シングルデラックス</td><td>13,350</td><td>富士、はやぶさ、あさかぜ、あかつき、出雲、サンライズ出雲、サンライズ瀬戸、北陸、はくつる、あけぼの、日本海1・4号</td></tr>
<tr><td>ロイヤル</td><td>17,180</td><td>北斗星1〜4号、トワイライトエクスプレス</td></tr>
<tr><td rowspan="5">2人用個室</td><td>ツインデラックス</td><td>26,700</td><td>北斗星1〜4号</td></tr>
<tr><td>カシオペアツイン</td><td>26,700</td><td>カシオペア</td></tr>
<tr><td>カシオペアデラックス</td><td>34,360</td><td>カシオペア</td></tr>
<tr><td>スイート</td><td>50,980</td><td>トワイライトエクスプレス</td></tr>
<tr><td>カシオペアスイート</td><td>50,980</td><td>カシオペア</td></tr>
<tr><td rowspan="12">B寝台</td><td rowspan="2">開放式
2段寝台</td><td>（上段）</td><td>6,300</td><td rowspan="2">富士、はやぶさ、さくら、あさかぜ、なは、彗星、あかつき、出雲、北陸、北斗星3・4号、はくつる、あけぼの、日本海1〜4号、おおぞら13・14号、オホーツク9・10号、利尻、〔銀河〕、〔はまなす〕</td></tr>
<tr><td>（下段）</td><td>6,300</td></tr>
<tr><td rowspan="3">開放式
3段寝台
（電車）</td><td>（上段）</td><td>5,250</td><td rowspan="3">〔きたぐに〕</td></tr>
<tr><td>（中段）</td><td>5,250</td></tr>
<tr><td>（下段）</td><td>6,300</td></tr>
<tr><td rowspan="3">1人用個室</td><td>ソロ</td><td>6,300</td><td>富士、さくら、なは、彗星、サンライズ出雲、サンライズ瀬戸、北陸、北斗星1〜4号、あけぼの</td></tr>
<tr><td>シングル</td><td>7,350</td><td>サンライズ出雲、サンライズ瀬戸</td></tr>
<tr><td>シングルツイン</td><td>9,170</td><td>サンライズ出雲、サンライズ瀬戸、あかつき、トワイライトエクスプレス</td></tr>
<tr><td rowspan="3">2人用個室</td><td>デュエット</td><td>12,600</td><td>なは、北斗星1〜4号</td></tr>
<tr><td>サンライズツイン</td><td>14,700</td><td>サンライズ出雲、サンライズ瀬戸</td></tr>
<tr><td>ツイン</td><td>16,320</td><td>あかつき、トワイライトエクスプレス</td></tr>
<tr><td>4人用
簡易個室</td><td>Bコンパート</td><td>6,300</td><td>あかつき、北斗星1・2号、トワイライトエクスプレス</td></tr>
</table>

＊個室寝台の価格はそれぞれ1室分。
ただしBコンパートは1人分ずつ発売。〔　〕の列車名は急行

車端部に設置された「カシオペアスイート」（筆者撮影）

「カシオペアツイン」下段室（筆者撮影）

「カシオペア」の「ラウンジカー」（筆者撮影）

車体構造も吟味され、従来の鋼製からステンレス製軽量車体となった。ただし、編成両端の車両はデザイン的な制約から一部が鋼製となっている。車内サービス用の電源は20系客車や24系客車と同じく電源車方式としているが、機器室を下層に収め、上層はフリースペースの「ラウンジカー」となった。

1999年7月16日から上野～札幌間を結ぶ寝台特急「カシオペア」として運行を開始

したが、E26系客車は12両編成1本しか製造されなかったため、毎日運転はできず、2016（平成28）年の定期的な運行終了まで終始臨時列車の扱いだった。なお、「カシオペア」の運転開始に合わせて「北斗星」は3往復から2往復へと減便されている。

この285系電車、E26系客車という新型車両では、これまでにない個室寝台も導入された。新しい寝台としては「サンライズツイン」「シングル」「カシオペアスイート」などが登場しているが、料金もそれぞれで設定され、寝台の名称や料金区分は複雑を極めた。このほか、先述の285系電車「ノビノビ座席」、あるいはこの時代「あかつき」に連結されていた「レガートシート」、急行「はまなす」の「カーペットカー」「ドリームカー」などもあり、日本の夜行列車史上最も多彩なサービスを展開していたことになる。

21世紀に入って夜行列車終焉へ

20世紀末に次々と新型車両が導入されたものの、JRの夜行列車運営状況としては壊滅的な状態だった。もはや利用者の減少に歯止めはかけられず、各地で列車廃止が続くようになった。鉄道ファンの立場から激震的な変革となったのは2005（平成17）年3月1日のダイヤ改正だった。東京発着の「あさかぜ」と「さくら」がダイヤ改正前日の2月28日出発列車を最後に廃止となったのだ。

「あさかぜ」は元祖ブルートレインとして知られた存在だった。1956（昭和31）年か

「あさかぜ」最終列車の下関駅到着後、お別れの式典が開催された（筆者撮影）

ら東京～博多間の夜行特急として運転を開始、その2年後の20系客車の登場によって最初のブルートレインとなった。最盛期は3往復体制で運行されたこともあったが、1975（昭和50）年の山陽新幹線全通で2往復化。国鉄晩年にはブルートレイン改革のモデル列車としてB個室寝台やシャワー室を導入、さらに食堂車や一般寝台客車のリニューアルも進められた。しかし、民営化後に誕生した「北斗星」のような人気は得られず、やがて食堂車は営業を取りやめ、1994（平成6）年には伝統の博多「あさかぜ」こと1・4号を廃止。東京～下関間で運転されていた3・2号が唯一の「あさかぜ」として存続していた。

廃止のうわさが聞こえると惜別乗車でささやかなにぎわいとなったが、当時の「あさかぜ」は1両ずつ連結されたA寝台1人用個室「シングルデラックス」とシャワー室付きの「ラウンジカー」が彩りを添えるだけで、ほかの車両は開放式の2段式B寝台だった。残念ながら車両の傷みも感じられ、〝21世紀の乗り物〟とは言えない状況だった。「ブルートレイン」の夢をつなぐべく乗車した人はがっかりしたに違いない。最終日の寝台券は発売から数十秒で完売となったそうだが、実際の乗車は半分足らず。各駅とも見学者の方が圧倒的に多かった。

「富士」「はやぶさ」併結運行時代、ヘッドマークも両列車名合体となった（筆者撮影）

また、「さくら」は１９５９（昭和34）年に東京～長崎を結ぶブルートレインとして誕生した。列車愛称としては戦前から使われており、国鉄にとってはシンボリックな存在だった。利用者の減少で一本立ちが困難となり、１９９９（平成11）年には東京～鳥栖間で「はやぶさ」と併結運転を開始。この時の編成組み替えによってB寝台１人用個室「ソロ」が連結されるようになったが、代わりにA寝台、４人用個室「カルテット」、営業休止後もフリースペースとして使われていた食堂車

「なは」「あかつき」併結運行時代、ヘッドマークも両列車名合体となった（筆者撮影）

末期の「あかつき」車体。塗装もはげ落ち、哀れな姿だった（筆者撮影）

がなくなっていた。

この「さくら」の廃止にともない、「はやぶさ」は3月1日から東京〜門司間で「富士」と併結運転するようになった。東京駅発着のブルートレインは最盛期（1972〜75年）では9往復も運転されていたが、この時点で「はやぶさ＋富士」と「出雲」の実質2往復だけ、それに電車寝台の「サンライズ出雲＋瀬戸」となってしまったのである。

2005（平成17）年10月1日の改正では京都〜南宮崎間の「彗星」も廃止となった。

この列車は京都～門司間で長崎連絡の「あかつき」と併結運転していたが、「あかつき」は「彗星」という相棒を失ったため、今度は熊本連絡の「なは」と京都～鳥栖間で併結運転することになった。「なは」は沖縄への夢をつなぐ愛称で、以前は西鹿児島（現・鹿児島中央）まで足を延ばしていたが、２００４（平成16）年の九州新幹線開業以降、熊本折り返しとなった。関西地区発着のブルートレインは「日本海」２往復と「トワイライトエクスプレス」もあったが、九州連絡列車は実質１往復となってしまったのである。また、「彗星」廃止から数日後、大阪～長野間の夜行急行「ちくま」も廃止となっている。

さらに翌２００６（平成18）年３月18日改正では「出雲」が廃止され、東京～山陰間の夜行列車は「サンライズ出雲」だけとなった。この時、気動車＋寝台車という珍しい組み合わせで運行していた北海道の「オホーツク９・10号」「利尻」も定期運行を終了、北海道内の夜行列車もぐんと縮小されてしまった。また、青函トンネルを抜けて北海道に足を延ばしていた「日本海１・４号」も青森折り返しとなった。

翌年の変化はなかったものの、２００８（平成20）年３月15日改正でも夜行列車の縮小が行われ、ブルートレインでは「なは」「あかつき」を廃止、「日本海」は３・２号を廃止して１往復化、そして昭和20年代から東京～大阪間の夜行急行として活躍してきた「銀河」も廃止となった。また、８月には「まりも」として運転されていた北海道最後の気動車＋寝台車列車も廃止となった。新しい夜行列車の姿を模索するＪＲ北海道の意気込みを

終焉を迎えた「能登」「北陸」。金沢駅でも多くの鉄道ファンが惜別に集まった（筆者撮影）

見せる施策だったが、運賃のリーズナブルな夜行バスには太刀打ちできなかったのである。

そして２００９（平成21）年３月14日改正では「はやぶさ」「富士」が廃止となり、ついに東京駅から半世紀以上にわたって活躍してきたブルートレインの姿が消えてしまった。その後、「はやぶさ」は新幹線の列車名として再起用されるが、日本初の列車愛称として戦前から長く親しまれてきた「富士」の起用はない。

翌２０１０（平成22）年３月13日改正でも夜行列車の削減が続き、今度は上野発着の「北陸」と急行「能登」が廃止された。「能登」の場合、その後も2年間、臨時列車として時折運行されたが、上野〜北陸間の夜行列車に終止符が打たれた。

２０１１（平成23）年3月12日のダイヤ改正で九州新幹線鹿児島ルートが全通した。これを機に「ドリームにちりん」も廃止、九州島内を走る夜行列車は全廃となったが、直前に発生した東日本大震災のショックが大きく、九州新幹線の全通すらほとんど話題にはならなかった。

この時代、毎年春のダイヤ改正はブルートレインをはじめとする夜行列車廃止のタイミングとして常態化していたが、２０１２（平成24）年3月17日改正では日本海縦貫線を走る「日本海」、そして急行「きたぐに」が廃止されてしまった。

この時点で運行されていたJRの夜行列車は、２８５系寝台電車による「サンライズ出雲」「サンライズ瀬戸」、青函トンネルを抜ける北海道連絡特急「北斗星」、「カシオペア」（臨時）、「トワイライトエクスプレス」（臨時）、急行「はまなす」、上野〜青森間の「あけぼの」、そして臨時列車となった快速「ムーンライトながら」、同「ムーンライトえちご」だけだった。

「あけぼの」は、１９７０（昭和45）年から運行を開始、一時は3往復も運転される人気のブルートレインだった。ただし、国鉄晩年から凋落が始まり、新設「北斗星」への車両供出ということもあって減便。さらに山形新幹線、秋田新幹線の建設によって経路の変更を余儀なくされた。この間、ルート変更によって列車を奥羽本線経由の「あけぼの」と上越線経由の「鳥海」各1往復に分離したが、１９９７（平成９）年には上越線経由の列車を「あけぼの」として1往復運転の体制となった。

その後、夜行バスへの対抗策として、開放式2段式B寝台を普通車座席指定席として提供する「ゴロンとシート」サービスも導入した。好評により女性専用の「レディースゴロンとシート」車も連結するようになったが、「座席」としたことで弊害も生じた。20世紀末から分煙化、そして禁煙化が進み、寝台車では個室以外ほぼ禁煙となっていたが、座席ゆえ禁煙の制約から外れてしまったのだ。乗客からの苦情も多かったようで、ようやく2009（平成21）年3月改正を機に「あけぼの」の「ゴロンとシート」は禁煙となった（「レディースゴロンとシート」はもともと禁煙だった）。こうした時代の空気に疎い経営感覚も〝21世紀の乗り物〟から遅れをとった原因のひとつに思われる。

備考
上り列車は2001.12に臨時列車化
臨時列車
「はやぶさ」と併結
「あかつき」と併結
定期運行終了後2008.3まで臨時運行
定期運行終了後2007.9まで臨時運行
臨時列車
「彗星」廃止後「あかつき」と併結
「彗星」と併結、「彗星」廃止後「なは」と併結
2001.7から「まりも」に改称
臨時列車
「さくら」廃止後、「はやぶさ」と併結
「さくら」と併結、「さくら」廃止後「富士」と併結
御坊止まりに短縮、深夜1時過ぎの運転はなくなった
定期運行終了後2012.2まで臨時運行
定期運行終了後2013.1まで臨時運行
定期運行終了後2013.1まで臨時運行
定期運行終了後2015.1まで臨時運行
2009.3から臨時化
2008.3から1往復化、定期運行終了後2015.8まで臨時運行
臨時列車
臨時列車
2009.3から臨時列車化
「サンライズ瀬戸」と併結
「サンライズ出雲」と併結

21世紀に運行されたJRの夜行列車

列車名	種別	運転区間	列車形態	最終運行
はくつる	特急	上野〜青森	ブルートレイン	2002.11
アルプス	急行	新宿→信濃大町/長野→新宿	座席電車	2002.11
ミッドナイト	快速	函館〜札幌	座席気動車	2002.11
ドリームつばめ	特急	博多〜西鹿児島	座席電車	2004.3
だいせん	急行	大阪〜米子	座席気動車	2004.10
さくら	特急	東京〜長崎	ブルートレイン	2005.2
あさかぜ	特急	東京〜下関	ブルートレイン	2005.2
彗星	特急	京都〜南宮崎	ブルートレイン	2005.9
ちくま	急行	大阪〜長野	座席電車	2005.10
出雲	特急	東京〜出雲市	ブルートレイン	2006.3
オホーツク9・10号	特急	札幌〜網走	気動車、寝台車も連結	2006.3
利尻	特急	札幌〜稚内	気動車、寝台車も連結	2006.3
エルム	特急	上野〜札幌	ブルートレイン	2006.8
なは	特急	新大阪〜熊本など	ブルートレイン	2008.3
あかつき	特急	京都〜長崎	ブルートレイン	2008.3
日本海3・2号	特急	大阪〜青森	ブルートレイン	2008.3
銀河	急行	東京〜大阪	寝台急行	2008.3
おおぞら13・14号→まりも	特急	札幌〜釧路	気動車、寝台車も連結	2008.8
ムーンライト高知	快速	京都〜高知	座席客車	2009.1
富士	特急	東京〜大分	ブルートレイン	2009.3
はやぶさ	特急	東京〜熊本	ブルートレイン	2009.3
1395M	普通	新大阪→紀伊田辺	座席電車	2010.3
北陸	特急	上野〜金沢	ブルートレイン	2010.3
能登	急行	上野〜金沢	座席電車	2010.3
ドリームにちりん	特急	博多〜南宮崎	座席電車	2011.3
日本海1・4号→日本海	特急	大阪〜函館	ブルートレイン	2012.3
きたぐに	急行	大阪〜新潟	寝台電車	2012.3
あけぼの	特急	上野〜青森	ブルートレイン	2014.3
ムーンライトえちご	快速	新宿〜新潟など	座席電車	2014.3
北斗星1〜4号→北斗星	特急	上野〜札幌	ブルートレイン	2015.3
トワイライトエクスプレス	特急	大阪〜札幌	ブルートレイン	2015.3
カシオペア	特急	上野〜札幌	ブルートレイン	2016.3
はまなす	急行	青森〜札幌	客車、寝台車も連結	2016.3
ムーンライトながら	快速	東京〜大垣	座席電車	2020.3
サンライズ出雲	特急	東京〜出雲市	寝台電車	現行
サンライズ瀬戸	特急	東京〜高松	寝台電車	現行

＊臨時列車は一定期間運行されたものを紹介し、単発的に運行されたものは省略

残念ながら「あけぼの」も2014（平成26）年3月15日改正で定期運行終了。その後も臨時列車としてしばし運転されたが、1年足らずで廃止されてしまった。これで国鉄時代に誕生したブルートレインはすべて途絶えたことになる。なお、この時のダイヤ改正で臨時快速「ムーンライトえちご」も廃止となった。

現在のJR夜行列車事情

21世紀に入って縮小を続けたJRの夜行列車にとどめを刺すような改革となったのは、2016（平成28）年3月26日の北海道新幹線開業だった。同新幹線は札幌をめざして現在も工事が進められているが、新青森〜新函館北斗間で先行開業したのである。そして本州と北海道の連絡は青函トンネル経由となった。

青函トンネルは1988（昭和63）年に開通、それと同時に「北斗星」「はまなす」などの本州〜北海道連絡の夜行列車が通行するようになり、のちに「トワイライトエクスプレス」や「カシオペア」も走るようになった。開通時は在来線としての運行だったが、新幹線としての運行も可能な構造となっており、北海道新幹線開業時から併用体制となった。ただし、新幹線と在来線では列車速度が異なり、従来通りの体制では新幹線運行に支障が生じてしまう。結果として在来線の定期旅客列車は全廃、貨物列車は時間帯を調整して運行することになった。北海道新幹線開業後も臨時旅客列車は青函トンネルを通行しているので、数往復の夜行列車を通すことは可能ではあったが、これを潮時に全廃と判断されたのだ。

まず、北海道新幹線開業の前年3月で「北斗星」と「トワイライトエクスプレス」の定期的な運行が終わった。「北斗星」は臨時列車として存続したが、同年8月22日の札幌出発列車を最後に廃止された。その後、青函トンネルを抜ける夜行列車は、JR唯一の定期急行列車として青森～札幌間を結ぶ「はまなす」のほか、上野～札幌間を週3往復する「カシオペア」だけとなった。

北海道新幹線開業は2016年3月26日だったが、新幹線運行に向けた設備の切り替え作業のため、3月22日未明から25日にかけて在来線全列車を運休とすることになった。そのため、「カシオペア」は3月20日の札幌発列車、「はまなす」は3月21日の青森発列車を最後に運行終了となった。これにより青函トンネルを抜けて定期的に運行されていた夜行列車が全廃となったのである。

こうしてJRで定期的に運行される夜行列車の設定は「サンライズ出雲」「サンライズ瀬戸」、そして臨時快速「ムーンライトながら」だけになってしまった。

このうち「ムーンライトながら」は、先述のように2020年東京発3月20～28日／大垣発21～29日の9日間の運行を最後に廃止されてしまった。

なお、夜行列車の減衰が続いた時代、新たな鉄道旅行の楽しみとして、いわゆる「クルーズトレイン」が誕生した。2013（平成25）年に運行を開始したJR九州の「ななつ星in九州」をはじめ、JR東日本の「TRAIN SUITE四季島《しきしま》」、JR西日本の「TWILIGHT EXPRESS瑞風《みずかぜ》」などが続いている。客室にはベッドも備えられ、夜行列車としても利用可能だが、ツアー専用の運行で一般の交通機関とは別物だ。2020（令和2）年にデビューしたJR西日本の「WEST EXPRESS銀河」の場合、ツアー以外の利用も可能な臨時列車としての設定もあり、価格帯も比較的カジュアルだが、やはり別物だ。一般向けの臨時列車の中に往年の夜行列車に通じる意義や姿を求めるとしたら、もはや東武鉄道がハイカーやスキーヤー向けに運行している「尾瀬夜行23：45」「スノーパル23：45」（数字は運行時のダイヤによって異なる）ぐらいのものだろうか。

かくして日本の定期夜行列車は「サンライズ出雲」「サンライズ瀬戸」だけになってしまったのである。これらはJR東海とJR西日本によって開発された285系寝台電車による運行だが、新鋭と思われていた車両もすでに車齢25年を数えるまでになった。鉄道車両の耐用命数からしてもはや壮年期にかかっている。

本稿でも幾度か触れたが、今や公共交通で長距離の移動をするなら多くは新幹線や航空機、さらには高速道路の充実で発達した夜行バスといった選択となる。もはや鉄道の夜行列車にはノスタルジックな思いしか託せないのだろうか。

汽車の中で夜を明かすこと――。これは今の日本においてとても贅沢な旅の方法となってしまったのである。

あとがき

いま改めて我が身を振り返ってみると、国鉄／ＪＲの「夜行列車」には言葉には尽くせぬほどお世話になった。

最初の記憶は母から伝えられたものだったが、１９５８（昭和33）年３月、東京～長崎間を「さちかぜ」で往復した。父の実家のある天草まで墓参のための旅だった。窓辺に沿ったロングシート状の寝台は、小さな子どもにも格好の遊び場で、長旅を無事過ごしたという。

この「ロングシート状の寝台」という証言からマロネフ37形（同年６月にはマロネフ29形に改称）と想像、さらに「さちかぜ」と思い当たった。同年秋の「平和」への改称を経て、翌年には20系寝台化、ブルートレイン「さくら」となる列車である。妻や幼子のために父が旅費を奮発したこともわかった。

その後、我が家の墓参といえば「さくら」を利用、祖母の上京も「さくら」だった。

学生時代の一人旅ではブルートレインは高嶺の花。もっぱら夜行急行の座席での移動となったが、普通夜行列車に連結されていた寝台車は何度か利用した。三段式の上段寝台であれば８００円の寝台券を追加するだけ。ユースホステルの宿泊費とさほど変わらず、なんとかやりくりできたのである。

社会人となってからは仕事での利用が増えた。それは移動手段ではなく、夜行列車のルポというケースが多かった。せっかく寝台券まで用意しても、ベッドは撮影対象であり、そして荷物置き場だった。大阪～札幌間を結ぶ「トワイライトエクスプレス」には毎年のように乗車したが、残念ながらちゃんとベッドで熟睡した覚えはない。

とはいえ、仕事のおかげでさまざまな夜行列車に触れることができた。

車窓を眺めるのも仕事のうちで、特に黄昏時や薄明時のそれは魅力的だった。天空の色調は刻々と変わり、いつしか夜が訪れ、そして朝が訪れた。ふだんの生活で、昼夜の移り変わりをじっくり眺めたことなどない。元旦のご来光すらもちゃんと拝んだのはいつのことだろうか。

そして夜が明ければ車窓は一変する。狭い日本、いずこも変わりなく見えるが、観察していけば違いがある。例えば民家のつくり。特に屋根を見れば、その地方ならではの色合いを感じる。時間をかけて移動していることを実感するのだ。

列車の中からこんな時の流れを感じること、筆者にとってはこれが「夜行列車」の最大の魅力だ。現行の「サンライズ出雲」「サンライズ瀬戸」にしても、その旅路の中で明瞭に思い出すのはこうした車窓だ。こんな旅を体験させてくれた「夜行列車」たち。過去のものにしてしまうのは、あまりに惜しく思う。

参考文献

鉄道省編『日本鉄道史』全3巻（鉄道省　1921年）
日本国有鉄道編『日本国有鉄道百年史』各巻（日本国有鉄道　1969〜1974年）
日本国有鉄道編『日本国有鉄道百年写真史』（日本国有鉄道　1972年）
日本国有鉄道編『国鉄歴史事典』（日本国有鉄道　1973年）
鉄道百年略史編さん委員会編『鉄道百年略史』（鉄道図書刊行会　1972年）
池田光雅編著『鉄道総合年表1972—93』（中央書院　1993年）
大久保邦彦ほか『名列車列伝』（日本交通公社　1988年）
大久保邦彦ほか編『鉄道運輸年表〈最新版〉』（月刊『旅』付録　JTB　1999年）
長船友則『山陽鉄道物語』（JTBパブリッシング　2008年）
寺本光照『国鉄・JR列車名大事典』（中央書院　2001年）
日本交通公社編『国鉄車両一覧』（日本交通公社　1987年）
原口隆行『時刻表でたどる特急・急行史』（JTB　2001年）
三宅俊彦『日本鉄道史年表（国鉄・JR）』（グランプリ出版　2005年）
三宅俊彦『列車名変遷大事典』（ネコ・パブリッシング　2006年）

三宅俊彦『日本鉄道150年史年表［国鉄・JR］』（グランプリ出版　2023年）
三宅俊彦ほか『時刻表に見る〈国鉄・JR〉列車編成史』（JTBパブリッシング　2011年）
三宅俊彦ほか『国鉄・JR特急列車100年』（JTBパブリッシング　2012年）
宮脇俊三編著『時刻表でたどる鉄道史』（JTB　1998年）
吉川文夫『東海道線130年の歩み』（グランプリ出版　2002年）

『汽車汽船旅行案内』各号（庚寅新誌社）
『鉄道旅行案内』鉄道院・鉄道省編各号（鉄道院・鉄道省）
『JTB時刻表』（創刊『汽車時間表』より各号　JTBパブリッシング）
『JR時刻表』（創刊『全国観光時間表』より各号　交通新聞社）

『官報』各号
『交通年鑑』各号（交通協力会）
『世界の鉄道』各号（朝日新聞社）
『年鑑 日本の鉄道』各号（鉄道ジャーナル社）
『鉄道ピクトリアル』各号（電気車研究会）
『鉄道ファン』各号（交友社）
『鉄道ジャーナル』各号（鉄道ジャーナル社）

【著者】
松本典久（まつもと のりひさ）
鉄道ジャーナリスト。1955年、東京生まれ。東海大学海洋学部卒。幼少期から鉄道好きで、出版社勤務後、フリーランスライターとして鉄道をテーマに著作活動をしている。乗り鉄だけでなく鉄道模型や廃線などにも造詣が深い。著書に『夜行列車の記憶』『60歳からの青春18きっぷ入門 増補改訂版』『軽便鉄道入門』（以上、天夢人）、『どう変わったか？ 平成の鉄道』『ブルートレインはなぜ愛されたのか？』（以上、交通新聞社新書）、『紙の上のタイムトラベル　鉄道と時刻表の150年』（東京書籍）など多数。

平凡社新書１０４６

夜行列車盛衰史
ブルートレインから歴史を彩った名列車まで

発行日――2023年12月15日　初版第１刷

著者――松本典久
発行者――下中順平
発行所――株式会社平凡社
〒101-0051 東京都千代田区神田神保町3-29
電話 （03）3230-6573［営業］
ホームページ https://www.heibonsha.co.jp/
印刷・製本―図書印刷株式会社
装幀――菊地信義

ISBN978-4-582-86046-7